Das Testen von Hypothesen

Ein Lehrprogramm für den
Leistungskurs Mathematik

von
Waldemar Hofmann

Bayerischer Schulbuch-Verlag · München

bsv mathematik

1988
1. Auflage, 1. Nachdruck
© Bayerischer Schulbuch-Verlag
Hubertusstraße 4, 8000 München 19
Einband: Phillipp Luidl
Satz: A. Koszytorz, Penzberg
Druck: Wagner GmbH, Nördlingen
ISBN 3-7627-3543-3

Vorbemerkung

Das vorliegende Lehrprogramm will Ihnen ein Helfer sein bei der Behandlung des Stoffgebietes, das normalerweise am Abschluß der Stochastikstudien eines Leistungskurses Mathematik steht. Weil Sie mindestens ahnen wollen, worum es dabei geht, folgt hier eine Beispielaufgabe - notwendig zunächst ohne Lösung und ohne jede Diskussion:

> Man pflückt von einem Baum willkürlich 50 Pflaumen und stellt fest, daß nur zwei madig sind.
> "Kann" man dann die Hypothese vertreten, daß von allen Pflaumen dieses Baums höchstens 10 % madig sind?

Tatsächlich wird über den im Programm behandelten Lehrgegenstand manches zu diskutieren sein. Dazu braucht man erst einmal eine Grundlage - und die können Sie sich in aller Ruhe und Gründlichkeit aus dem Programm erarbeiten.

Nebenbei können Sie aus dem Programm viel bezüglich der rein technischen Seite des stochastischen Arbeitens lernen bzw. wiederholen.

Übertragen Sie bitte die Überschriften der einzelnen Teile und die Nummer der jeweiligen Seite in Ihr Arbeitsheft. Sie wissen dann, wo Sie eventuell nachzuschlagen haben, wenn Sie zurückblättern wollen.

Wichtig ist, daß Sie sich selbst kontrollieren: Am besten nehmen Sie einen Rotstift, um in Ihrem Heft zu verbessern bzw. richtige Antworten abzuhaken.

Und nun viel Erfolg!

Weitere Vorbemerkungen

- Es wird angenommen, daß Sie außer einem Taschenrechner auch stochastische Tabellen zur Hand haben.

- Wahrscheinlichkeiten werden prinzipiell auf 2 Stellen nach dem Komma gerundet; Beispiel:

$$p = 0{,}234 \approx 0{,}23 = 23 \text{ \%}$$

  Ausnahmen wird es freilich geben. Beispielsweise werden die Tabellenwerte mit 5 Kommastellen abgedruckt, damit Sie besser vergleichen können.

- Anders als bei den meisten Lehrprogrammen, finden Sie das Wichtige an Information, Aufgabenstellung und Lösung immer nur auf den jeweils linken Seiten (das sind die mit gerader Seitenzahl). Auf den rechten Seiten gibt es Hilfen, Wiederholung und Zusatzinformation.

- Dringender Rat: Nehmen Sie ein Blatt, etwa ein Löschblatt, und decken Sie die rechten Seiten fürs erste ab. Sie sollten sie aber <u>vor</u> dem Umblättern mindestens noch flüchtig ansehen. Da man rechts <u>ge</u>legentlich auch Ergänzungen zur Lösung findet, gibt man die rechte Seite am besten abschnittsweise frei.

Inhaltsverzeichnis

I.	Teil:	Hypothese, Alternative und Annahmebereich	Seite	2
II.	Teil:	Fehler und Risiken	Seite	42
III.	Teil:	Zusammengesetzte Hypothesen und der Übergang zur Alternativhypothese	Seite	58
IV.	Teil:	Weitere Beispiele und das Signifikanzniveau	Seite	84
V.	Teil:	Die Operationscharakteristik und zweiseitige Tests	Seite	106
VI.	Teil:	Zahlenlotto, Herr Niemand und die Skimädels	Seite	144
VII.	Teil:	Verfälschung eines Tests	Seite	174
Anhang:		Abschlußaufgabe Sachregister	Seite	184

Wichtige Zusammenfassungen findet man auf den Seiten 41
76
81
96
142
172*

I. Teil: Hypothese, Alternative und Annahmebereich

Unseren Betrachtungen soll folgende wirklichkeitsnahe Situation zugrunde gelegt werden:

Ein Warenhaus hat seit Jahren -, zu sonst günstigen Konditionen - aus dem Ausland umfangreiche Sendungen von Uhren bezogen und verkauft, von denen erfahrungsgemäß 30 % im Lauf der Garantiezeit durch neue ersetzt werden mußten.

Aufgabe:

a) Ermitteln Sie die Wahrscheinlichkeitsverteilung der Zufallsgröße X_1: = Anzahl derjenigen von 10 verkauften Uhren, bei denen die Garantie in Anspruch genommen wird. (2 Dezimalstellen genügen!)

b) Skizzieren Sie ein Histogramm dieser Verteilung.

c) Wie groß ist die Wahrscheinlichkeit, daß von zehn verkauften Uhren höchstens zwei im Lauf der Garantiezeit zurückgereicht werden?

d) Mit welcher Wahrscheinlichkeit werden von zehn verkauften Uhren im Lauf der Garantiezeit mehr als 5 zurückgegeben?

Zur Aufgabe a: Da die Anzahl aller Uhren im Vergleich zu den 10 betrachteten sehr groß ist, dürfen Sie die nacheinander erfolgenden Untersuchungen der Uhren als unabhängig betrachten und für Ihre Überlegungen eine Bernoullikette zugrundelegen!

Zur Wiederholung:

Zufallsgröße ist eine Funktion, die Ergebnissen (hier Mengen von schadhaften Uhren) reelle Zahlen zuordnet, hier die ganzen Zahlen von 0 bis 10. Als Variable für diese Zahlen wird auf der folgenden Seite k verwendet.

Die zugehörige **Wahrscheinlichkeitsverteilung** ordnet dann den Zahlen k die betreffende Wahrscheinlichkeit zu.

Die hier vorliegende Verteilung ist eine Binomialverteilung für die Trefferwahrscheinlichkeit p = 0,3. Es liegt eine Bernoullikette der Länge 10 vor.

4 | **Lösung:** a)

k	0	1	2	3	4	5	6	7	...
$P(X_1 = k)$	0,03	0,12	0,23	0,27	0,20	0,10	0,04	0,01	0,00

b)
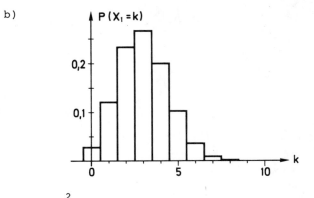

c) $\sum_{k=0}^{2} P(X_1 = k) \approx 0,03 + 0,12 + 0,23 = \underline{38\ \%}$

d) $\sum_{k=6}^{10} P(X_1 = k) \approx 0,05 = \underline{5\ \%}$

Nun tritt ein konkurrierender Uhrenhersteller auf. Er verspricht - zu sonst gleichen Konditionen - eine Herabsetzung des "Ausschusses" auf 10 %.

Aufgabe:

Geben Sie die Wahrscheinlichkeitsverteilung der entsprechenden Zufallsgröße X_2 für eine Stichprobe vom Umfang 10 an und zeichnen Sie ein Histogramm dazu.

Zur Lösung a:

Zu k = 8, 9, 10 gehören die Wahrscheinlichkeiten 0,00.

$$P(X_1 = k) = B(10; 0{,}30; k) = \binom{10}{k} \cdot 0{,}30^k \cdot 0{,}70^{10-k}$$

Zu b: Das Maximum liegt bei k = 3.

Es stimmt mit dem Erwartungswert überein, denn für n = 10 und p = 0,30 ist ja np = 3.
Maximum der Wahrscheinlichkeitsverteilung und Erwartungswert müssen (und können) nicht immer zusammenfallen, denn der Erwartungswert wird ja nicht immer ganzzahlig sein.

zu c: Man könnte die Wahrscheinlichkeit dafür, daß in der Garantiezeit von zehn verkauften Uhren höchstens 2 zurückgegeben werden, im Histogramm unter b) bequem veranschaulichen, indem man die Rechtecke über 0, 1 und 2 schraffiert. Die so gekennzeichnete Fläche würde dann etwa 38 % der Gesamtfläche betragen.

zu d: Entsprechend wie bei c könnte man die Wahrscheinlichkeit für mehr als 5 "schlechte" Uhren veranschaulichen durch Schraffieren ab dem Rechteck über 6.

Zur neuen Aufgabe:

Auch wenn die Aufgabe der vorhergehenden sehr ähnlich ist, sollten Sie sie lösen. Es kommt im folgenden auf den Vergleich der beiden Lösungen an!

Lösung:

k	0	1	2	3	4	5	6	...
$P(X_2 = k)$	0,35	0,39	0,19	0,06	0,01	0,00	0,00	0,00

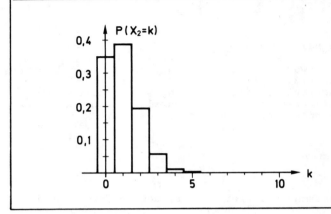

Wir nehmen nun an, daß sich die Leitung unseres Warenhauses vor dem Abschluß eines Kaufvertrags dazu entschließt, aus dem Angebot eine Stichprobe vom Umfang 10 auszuwählen.

Aufgabe:

Eine derartige Stichprobe ergibt, daß von den 10 Uhren im Lauf der Garantiezeit genau 2 Stück zurückgegeben werden.
Wie groß ist für dieses Ereignis die Wahrscheinlichkeit

a) unter der Voraussetzung, daß die Wahrscheinlichkeit für den Garantiefall bei einer Uhr tatsächlich 10 % beträgt.

b) unter der Voraussetzung, daß der konkurrierende Anbieter falsche Angaben gemacht hat und die Wahrscheinlichkeit für den Garantiefall bei einer Uhr in Wirklichkeit auch 30 % beträgt.

Ein Vergleich mit dem Histogramm auf Seite 4 zeigt, daß das Maximum größer geworden ist und sich nach links zu k = 1 verschoben hat. Der Erwartungswert np ist gleich 10 · 0,1 = 1.

Zur Erinnerung: Sie sollten die rechten Seiten quasi zeilenweise mitlesen, mindestens aber vor dem Umblättern kurz ansehen. Vielleicht wäre es auch angebracht, sie fürs erste mit einem Blatt abzudecken. Für die Wiederholung dürften sie i.a. überflüssig sein.

Bei a) wird davon ausgegangen, daß die Uhren vom neuen Anbieter kommen und tatsächlich nur zu 10 % schadhaft sind.

Lösung:

a) $P(X_2 = 2) = B(10; 0,1; 2) = 0,19371 \approx 0,19 = \underline{19\ \%}$

b) $P(X_1 = 2) = B(10; 0,3; 2) = 0,23347 \approx 0,23 = \underline{23\ \%}$

Demnach ist die Wahrscheinlichkeit für das Eintreten von genau 2 Garantiefällen dann größer, wenn eine Uhr mit 30 %iger Wahrscheinlichkeit schadhaft ist, als wenn das nur mit 10 %iger Wahrscheinlichkeit zutrifft.

Nun ist den Einkäufern allerdings von vornherein nicht bekannt, ob p = 30 % oder p = 10 % gilt. Und daher nützen ihnen die Ergebnisse a) und b) nicht viel. Es kann nicht einmal der Vergleich zwischen diesen beiden Ergebnissen so gewertet werden, daß p = 0,3 wahrscheinlicher vorliegen würde als p = 0,1.
Das wird auf den nächsten Seiten begründet.

Zur Bezeichnung der beiden angegebenen Wahrscheinlichkeiten:

Die unter a) gefragte Wahrscheinlichkeit steht schon in der Tabelle auf Seite 6. Es ist nach den dortigen Bezeichnungen konsequent, sie mit $P(X_2 = 2)$ zu bezeichnen. Aber natürlich ist es unwichtig, ob Sie das auch getan haben.

Die unter b) gefragte Wahrscheinlichkeit ist entsprechend $P(X_1 = 2)$ und ist auf Seite 4 zu finden.

Die eben berechneten Wahrscheinlichkeiten sind bedingte Wahrscheinlichkeiten:

$P(X_2 = 2)$ setzt als Bedingung die Trefferwahrscheinlichkeit $p = 0,1$ voraus und sagt, wie groß **dann** die Wahrscheinlichkeit für die Trefferzahl 2 ist.

$P(X_1 = 2)$ setzt als Bedingung die Trefferwahrscheinlichkeit $p = 0,3$ voraus und sagt, wie groß **dann** die Wahrscheinlichkeit für die Trefferzahl 2 ist.

10 Wir setzten für unsere Betrachtungen folgende Situation voraus:

Für die einzelne Uhr gibt es zwei Möglichkeiten:
Sie ist entweder mit p = 30 % schadhaft oder mit p = 10 %. Das können wir uns etwa so veranschaulichen, daß in dem betreffenden Lieferland zwei Uhrenfabriken S und G existieren, deren Produkte mit p = 30 % bzw. mit p = 10 % schadhaft sind. Wir bezeichnen die Wahrscheinlichkeiten, daß die Uhren der Lieferung von S oder von G stammen, mit P (S) bzw. mit P (G).

Da die Einkäufer bei einer Lieferung nicht wissen, ob sie von S oder von G stammt, ist ihnen nicht bekannt, ob P (S) oder P (G) vorliegt. Sie wissen also leider nicht, wie groß die Gefahr ist, einem betrügerischen Angebot zu erliegen. Sie greifen daher aus dem Angebot eine Stichprobe vom Umfang 10 heraus und versuchen, daraus einen Schluß zu ziehen. Sie stellen fest, daß 2 Uhren schadhaft sind.

Wir setzen Z: = 'Anzahl der in einer Stichprobe vom Umfang 10 enthaltenen schadhaften Uhren'.

Auf Seite 6/8 haben wir soeben die Wahrscheinlichkeiten für Z = 2 berechnet

a) unter der Bedingung, daß das Ereignis G vorliegt

b) unter der Bedingung, daß das Ereignis S vorliegt

Wir bezeichnen mit P_F (E) die Wahrscheinlichkeit für ein Ereignis E unter der Bedingung F.

Aufgabe:

Geben Sie die am Kopf von Seite 8 stehenden Wahrscheinlichkeiten als bedingte Wahrscheinlichkeiten an, also in der Form P_F (E).

Zur Wahl der Bezeichnungen: S soll an "schlechte" und G an "gute" Uhren erinnern. Streng genommen müßten wir erst definieren: Das **'Ereignis S'** soll bedeuten, daß die Lieferung aus der Fabrik S stammt, und entsprechend für G.
Natürlich ist P (G) = 1 - P (S).

Das Problem für die Einkäufer ist dann: Stammt eine gewisse Lieferung von der Fabrik S oder von der Fabrik G?

Z ist wieder eine Zufallsgröße. Da sie sowohl mit X_1 als auch mit X_2 zusammenfallen könnte, wählen wir die neutrale Bezeichnung Z.

Das Ereignis G bedeutet, daß p = 0,1 gilt; das Ereignis S bedeutet, daß p = 0,3 gilt.

Für P_F (E) kann man auch P (E | F) schreiben. Die hier bevorzugte Schreibweise wird sich speziell für das im Programm behandelte Thema als vorteilhaft erweisen.

Auf Seite 8 findet man:
B (10; 0,1; 2) ≈ 19 % und B (10; 0,3; 2) ≈ 23 %

12 Lösung:

a) $P_G (Z = 2) \approx 19\,\%$

b) $P_S (Z = 2) \approx 23\,\%$

Mit Hilfe einer Stichprobe vom Umfang 10 bekommen die Uhreneinkäufer beim Stichprobenergebnis $Z = 2$ einen Hinweis in Form eines Zahlenwertes $P_S (Z = 2)$ oder $P_G (Z = 2)$.

Interessieren würde sie eigentlich die bedingte Wahrscheinlichkeit, mit der aus dem Stichprobenergebnis $Z = 2$ auf das Ereignis S (zu 30 % schadhafte Uhren) oder auf das Ereignis G (zu 10 % schadhafte Uhren) geschlossen werden darf.

Die vorliegende problematische Situation soll auf den folgenden Seiten vereinfacht am Urnenmodell verdeutlicht werden.

⟶ Seite 14

P_G (Z = 2) bedeutet die Wahrscheinlichkeit für das Ereignis 'genau zwei Uhren sind schadhaft' unter der Bedingung, daß das Ereignis G vorliegt (daß die 10 Uhren also aus der Produktion der Fabrik G stammen).

Beachten Sie: Hier handelt es sich zwar auch um bedingte Wahrscheinlichkeiten, doch sind da das bedingende und das bedingte Ereignis im Vergleich zu oben miteinander vertauscht:

P_G (Z = 2) ist die Wahrscheinlichkeit des Ereignisses "genau zwei schlechte Uhren", falls das Ereignis G vorliegt. Dagegen ist $P_{Z=2}$ (G) die Wahrscheinlichkeit des Ereignisses, daß die Uhren zu 10 % schadhaft sind, falls in der Stichprobe genau zwei schadhafte Uhren vorkommen. Für die Schreibweise wird wieder angemerkt:

$$P_G (Z = 2) = P (Z = 2 \mid G)$$
$$P_{Z=2} (G) = P (G \mid Z = 2)$$

14 Wiederholung am Urnenmodell:

In einem Kasten befinden sich - durch ein schwarzes Tuch verdeckt - viele weiße und schwarze Kugeln. Und man weiß nicht, welche der beiden Alternativen S oder G vorliegt:

S   G

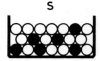   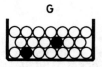

Genau 30 % der Kugeln   Genau 10 % der Kugeln
sind schwarz.   sind schwarz.

Man zieht nun nacheinander - mit Zurücklegen - eine Stichprobe vom Umfang 10 heraus und setzt Z: = 'Anzahl der in einer Stichprobe vom Umfang 10 enthaltenen schwarzen Kugeln'.

Aufgabe:

Geben Sie die Werte für zwei der folgenden bedingten Wahrscheinlichkeiten an:

a) $P_{Z=3}(S)$

b) $P_S(Z = 3)$

c) $P_{Z=3}(G)$

d) $P_G(Z = 3)$

In der Statistik nennt man so einen Kasten eine Urne. Wir tun es im folgenden auch.
Im Grunde könnte man alle Überlegungen des Hypothesentestens am Urnenmodell vornehmen und damit den ganzen Lehrgang begründen. Das würde allerdings etwas langweilig wirken. Immerhin soll ausgenützt werden, daß man am Urnenmodell klar und eindringlich zusammenfassen kann. Das wird weiterhin im Programm getan.

Durch die Bemerkung "mit Zurücklegen" wird die Unabhängigkeit der Ereignisse sichergestellt, das Experiment also zu einer Bernoullikette!

Mehr als zwei dieser Wahrscheinlichkeiten können Sie nämlich nicht berechnen!

Statt an 2 Treffer denken wir jetzt zur Abwechslung an 3.

Lösung:

b) $P_S(Z = 3) = B(10; 0{,}3; 3) \approx \underline{0{,}27}$

d) $P_G(Z = 3) = B(10; 0{,}1; 3) \approx \underline{0{,}06}$

Daß sich a) und c) nicht berechnen lassen, kann man so einsehen: Nach der Aufgabenstellung auf Seite 14 könnte der Fall S vorliegen oder der Fall G. Wer sagt uns, ob beide Fälle einigermaßen gleichwahrscheinlich sind? Ganz im Gegenteil: Vielleicht kann einer der beiden Fälle gar nicht eintreten, aus einem uns nicht bekannten Grund!

Wenn wir beispielsweise wüßten, daß der Fall G gar nicht auftritt, dann wäre $P(S) = 1$ und $P_{Z=3}(S)$ berechenbar, weil:

$$P_{Z=3}(S) = P(S) = 1$$

Frage:

Wie groß wäre dagegen $P_{Z=3}(S)$ in dem Fall, daß S gar nicht auftritt?

Zu b: Bereits auf Seite 4 zu finden!

Zu d: Bereits auf Seite 6 zu finden!

Die unter a) und c) gefragten Wahrscheinlichkeiten kann man nicht berechnen!

Zur Wiederholung der bedingten Wahrscheinlichkeit:

$P_B(E) = \dfrac{P(E \cap B)}{P(B)}$ heißt für $P(B) \neq 0$

die bedingte Wahrscheinlichkeit von E unter der Bedingung B;

$P_B(E) = P(E \mid B)$.

Überlegen Sie sich, was für eine Situation hier vorliegt: Man hat 3 schwarze Kugeln gezogen und Fall S liegt **nicht** vor. Wie groß ist dann die Wahrscheinlichkeit für das Eintreten des Ereignisses S?

18 | Antwort:

$P_{Z=3}(S) = 0$

Es kommt also auf den Wert von P(S) und von P(G) an, wenn man eine Aussage über $P_{Z=3}(S)$ oder über $P_{Z=3}(G)$ machen will.

Und das sind ja die Wahrscheinlichkeiten, für die sich die Uhreneinkäufer interessieren!

Aufgabe:

Entwerfen Sie für das Urnenmodell ein Baumdiagramm, in dem die unbekannten Wahrscheinlichkeiten P(S), P(G) und die auf Seite 14/16 ermittelten Wahrscheinlichkeiten
$P_S(Z = 3) = 0,27$ und $P_G(Z = 3) = 0,06$ enthalten sind.

Unterscheiden Sie bezüglich der Anzahl der schwarzen Kugeln nur die beiden Fälle $Z = 3$ und $Z \neq 3$.

Dabei ist freilich P (G) = 1 - P (S)!

Für den Überblick über die Möglichkeiten bei einem zusammengesetzten Zufallsexperiment - beispielsweise: erst eine von zwei Urnen auswählen, dann eine Stichprobe daraus - eignet sich die Darstellung in einem Baumdiagramm:

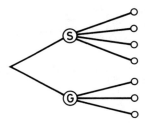

In den Kreisen gibt man dann die betreffenden Ereignisse an, längs der Äste die Wahrscheinlichkeiten. Dabei ergibt die Summe der Wahrscheinlichkeiten, die von einem Verzweigungspunkt ausgehen, jeweils 1.

Es ist nicht nötig, die elf möglichen Fälle Z = 0, 1, ..., 10 voneinander zu trennen. Da es nur um das Ereignis Z = 3 geht, braucht man bei der letzten Fallunterscheidung nur Z = 3 und Z ≠ 3 zu berücksichtigen.

20 | Lösung:

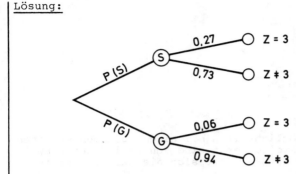

Da die bedingten Wahrscheinlichkeiten $P_{Z=3}$ (S) und $P_{Z=3}$ (G) von den unbekannten Wahrscheinlichkeiten P (S) und P (G) abhängen, ist ein Schluß vom Stichprobenergebnis auf $P_{Z=3}$ (S) und $P_{Z=3}$ (G) prinzipiell unmöglich.
Das zu klären, war das Anliegen unserer Ausführungen auf den letzten Seiten (vgl. den letzten Satz auf Seite 8).

Die Abhängigkeiten zwischen den in unserem Beispiel bedeutsamen Wahrscheinlichkeiten können quantitativ gefaßt werden - entweder durch Anwendung der Formel von Bayes oder durch direktes Ablesen aus dem oben erstellten Baumdiagramm. Wenn Sie sich dafür
interessieren ⟶ Seite 22
Andernfalls ⟶ Seite 26

Die Werte der einzelnen Wahrscheinlichkeiten, wie z.B. 0,27, sollten Sie angegeben haben. Denn im Baumdiagramm kommt es ja nicht nur auf die möglichen Äste und Pfade an, sondern ganz wesentlich auch darauf, mit welchen Wahrscheinlichkeiten sie behaftet sind.

Das Problem, vor das die Uhreneinkäufer gestellt sind, ist also komplizierter, als man von vornherein annimmt.
Trotzdem muß man aber in derartigen Situationen Entscheidungen treffen. Nach welchen Regeln man das dann noch irgendwie sinnvoll tun kann, ist das Anliegen des Hypothesentestens.

22 Quantitative Untermauerung der Ausführungen auf den letzten beiden Seiten anhand des Baumdiagramms:

```
         0,27  o Z = 3  ←
    P(S) S
         0,73  o Z ≠ 3        P(Z=3)=P(S)·0,27+P(G)·0,06
         0,06  o Z = 3  ←
    P(G) G
         0,94  o Z ≠ 3
```

Nach Definition der bedingten Wahrscheinlichkeit ist weiter:

$$P_{Z=3}(S) = \frac{P(S) \cdot 0,27}{P(Z=3)} = \frac{P(S) \cdot 0,27}{P(S) \cdot 0,27 + P(G) \cdot 0,06}$$

Entsprechend ergibt sich:

$$P_{Z=3}(G) = \frac{P(G) \cdot 0,06}{P(S) \cdot 0,27 + P(G) \cdot 0,06}$$

So sieht man algebraisch, daß und wie die interessierenden bedingten Wahrscheinlichkeiten von P(S) und P(G) abhängen.

Aufgabe:

Demonstrieren Sie die starke Abhängigkeit der interessierenden bedingten Wahrscheinlichkeiten $P_{Z=3}(S)$ und $P_{Z=3}(G)$ von P(S), indem Sie die Werte berechnen

a) für P(S) = 0,9

b) für P(S) = 0,1

P (Z = 3) nennt man die "totale Wahrscheinlichkeit" für das Ereignis Z = 3.

Allgemeine Definition der bedingten Wahrscheinlichkeit eines Ereignisses E unter der Bedingung B:

$$P_B(E) = \frac{P(E \cap B)}{P(B)}, \text{ falls } P(B) \neq 0$$

Die Formel von Bayes lautet, falls E_1, E_2 eine Zerlegung des Ergebnisraums Ω mit $P(E_i) \neq 0$, $i = 1,2$, ist:

$$P_B(E_i) = \frac{P_{E_i}(B) \cdot P(E_i)}{P_{E_1}(B) \cdot P(E_1) + P_{E_2}(B) \cdot P(E_2)}$$

P (G) = 1 - P (S)!

Lösung:

a) $P(S) := 0,9 \implies$

$$P_{Z=3}(S) = \frac{P(S) \cdot 0,27}{P(S) \cdot 0,27 + P(G) \cdot 0,06} = \frac{0,9 \cdot 0,27}{0,9 \cdot 0,27 + 0,1 \cdot 0,06} = \underline{0,98}$$

und somit $P_{Z=3}(G) = \underline{0,02}$

b) Entsprechend folgt für $P(S) := 0,1$:

$$P_{Z=3}(S) = \underline{0,33} \text{ und } P_{Z=3}(G) = \underline{0,67}$$

Damit ist rechnerisch gezeigt, daß es den Uhreneinkäufern wegen mangelnder Information nicht möglich ist, auf die sie eigentlich interessierenden Wahrscheinlichkeiten zu schließen.

Und genau diese Situation liegt in der statistischen Praxis **normalerweise** vor.
Während es in der Wahrscheinlichkeitsrechnung - wie in der eben gelösten Aufgabe - beispielsweise darum geht, aus bekannten Wahrscheinlichkeiten andere zu berechnen, ist es u.a. Anliegen der Statistik, aus dem Ergebnis eines Zufallsexperiments - etwa beim Ziehen einer Stichprobe - Folgerungen über die Trefferwahrscheinlichkeit zu ziehen.

Es ist $P_{Z=3}(G) = 1 - P_{Z=3}(S)$, weil bekanntlich auch für die bedingten Wahrscheinlichkeiten die Axiome von Kolmogorow und die daraus ableitbaren Sätze gelten.

Was sollen die Uhreneinkäufer nun schließen, falls sie in einer Stichprobe vom Umfang 10 zwei "schlechte" Uhren vorfinden, wie es auf Seite 6 angenommen wurde?
Vorläufiges Ergebnis: "schließen" können sie überhaupt nichts.

Sie können für die Schadhaftigkeit der Uhren die Wahrscheinlichkeit p = 0,3 oder p = 0,1 **annehmen** - und gehen in beiden Fällen die Gefahr ein, daß sie sich irren. Nur die Wahrscheinlichkeiten für diesen **Fehler** kann man berechnen.

26 Die beispielsweise den Uhreneinkäufern möglichen Annahmen p = 0,3 bzw. p = 0,1 bezeichnet man als "Hypothesen". Die Einkäufer möchten sich durch einen Test anhand einer Stichprobe vom Umfang 10 für eine der beiden alternativen Hypothesen entscheiden. Man spricht dann von einem "Alternativtest".

Wir nennen die Hypothese p = 0,3 die Hypothese H_1 und die andere H_2.

Falls in der Stichprobe 2 schlechte Uhren enthalten sind, können wir für H_1 und H_2 die Wahrscheinlichkeiten berechnen, mit denen sie **falsch** sind. Denn es gilt:

Die Hypothese H_1: p = 0,3

nimmt man bei Z = 2 **zu Unrecht** an mit der Wahrscheinlichkeit P_G (Z = 2) = B (10; 0,1; 2) ≈ 19 %.

Die Hypothese H_2: p = 0,1

nimmt man bei Z = 2 **zu Unrecht** an mit der Wahrscheinlichkeit P_S (Z = 2) = B (10; 0,3; 2) ≈ 23 %.

Unsere Einkäufer werden mit dem Testergebnis nicht viel anfangen können. Was sie sich wünschen würden, wäre dies: Einen Test, aus dessen Ergebnis man schließen kann: Das Risiko einer (so oder so gelagerten) Fehlentscheidung ist gering.

Gelegenheit zur Unterbrechung: U

| Fabrik S | ... Schadenswahrscheinlichkeit p = 0,3

| Fabrik G | ... Schadenswahrscheinlichkeit p = 0,1

Bei H_1 nimmt man an, es wäre p = 0,3, die Uhren kämen also von der Fabrik S. Die Wahrscheinlichkeit dafür, daß H_1 zu Unrecht angenommen wird, daß also p = 0,1 gilt, ist die Wahrscheinlichkeit des Ereignisses Z = 2 unter der Bedingung G.

Bei H_2 nimmt man an, es wäre p = 0,1, die Uhren kämen also von der Fabrik G. Die Wahrscheinlichkeit dafür, daß diese Hypothese falsch und in Wirklichkeit p = 0,3 ist - die Uhren also von S kommen - und die Stichprobe dann zwei schadhafte Uhren enthält, ist $P_S(Z = 2)$.

Nach den Ausführungen auf den letzten Seiten können wir eben nicht die Wahrscheinlichkeit berechnen, mit denen die Hypothesen **wahr** sind!

28 Um besser testen zu können, vergrößern wir zunächst einmal den Stichprobenumfang von 10 auf 20.

Die Hypothese H_1 lautet: p = 0,3 (schlechtere Uhren),

die Hypothese H_2 : p = 0,1 (bessere Uhren).

Wir müssen uns überlegen, für welche Testergebnisse wir H_1 annehmen wollen und für welche H_2. Es liegt nahe, sich qualitativ so festzulegen: Wenn die Anzahl Z der schadhaften Uhren "klein genug" ist, entscheidet man sich für H_2, sonst für H_1.

Da 0,1 · 20 = 2 und 0,3 · 20 = 6,
liegt folgendes Vorgehen nahe:

Wenn $Z \leq 4$, soll H_2 angenommen werden, sonst H_1.

Aufgabe:

Berechnen Sie die Wahrscheinlichkeit dafür, daß H_2 zwar falsch ist, aber trotzdem angenommen wird.

| Fabrik S | ... p = 0,3 |

| Fabrik G | ... p = 0,1 |

2 ist der Erwartungswert, falls p = 0,1; 6 ist der Erwartungswert, falls p = 0,3.

Beachten Sie: 1. Es wird der Stichprobenumfang n von 10 auf 20 erhöht. Es ist einleuchtend, daß n für die Praxis nicht zu klein sein darf.
2. H_2 wird man vernünftigerweise nicht nur für Z = 4 annehmen, sondern etwa für Z $\leq$ 4. Z < 4 wäre ebenso möglich.

Hilfe:

H_2 wird angenommen, falls die Anzahl der schlechten Uhren 0, 1, 2, 3 oder 4 ist. H_2 ist falsch, falls die Alternative H_1 wahr ist, also p = 0,3 zutrifft.

Lösung: Es gilt dann p = 0,3;

$$P_S(Z \leq 4) = \sum_{i=0}^{4} B(20; 0,3; i) = 0,23751 \approx \underline{24\ \%}$$

Die Entscheidung erfolgte nach folgender Zuordnungsvorschrift:

$Z \leq 4 \longmapsto H_2$ annehmen

Eine derartige Vorschrift nennt man eine **Entscheidungsregel**.
Sie führte auf den Wert von 24 % für eine irrtümliche Annahme der Hypothese H_2.

Wählt man statt der kritischen Grenze 4 den Wert 3, ergibt sich als Entscheidungsregel:

$Z \leq 3 \longmapsto H_2$ annehmen.

<u>Aufgabe:</u>

Wie groß ist dann die Wahrscheinlichkeit, daß H_2 irrtümlich angenommen wird?

Die Wahrscheinlichkeit dafür, daß die Uhreneinkäufer fälschlicherweise annehmen, die Uhren kämen von der Fabrik G, obwohl sie von der Fabrik S kommen, beträgt dann also 24 %.

Vielleicht ist den Uhreneinkäufern die Wahrscheinlichkeit von 24 % zu hoch. Dann werden sie die Entscheidungsregel bezüglich der Annahme von H_2 strenger halten.

Diese Entscheidungsregel könnte man auch so schreiben:

$Z < 4 \longmapsto H_2$ annehmen.

Lösung:

$$P_S (Z \leqq 3) = \sum_{i=0}^{3} B(20; 0,3; i) = 0,10709 \approx 11\,\%$$

Man darf aber nicht übersehen, daß es nicht nur um das Risiko geht, H_2 zu Unrecht anzunehmen. Man kann sich ja auch in der anderen Richtung irren: daß nämlich zwar H_2 wahr ist, aber dennoch abgelehnt wird:

Aufgabe:

Berechnen Sie die Wahrscheinlichkeit dafür, daß H_2 wahr ist, aber dennoch abgelehnt wird

a) bei der Entscheidungsregel $Z \leqq 4 \longmapsto H_2$ annehmen.

b) bei der Entscheidungsregel $Z \leqq 3 \longmapsto H_2$ annehmen.

Auf Seite 30 ergab sich der Wert 24 %, hier auf Seite 32 nur 11 %. Dabei wurde jeweils berechnet, wie groß die Wahrscheinlichkeit einer irrtümlichen Annahme von H_2 ist, erst mit der kritischen Grenze 4, dann mit der kritischen Grenze 3.

Die Wahrscheinlichkeiten können wir uns wieder an einem Histogramm veranschaulichen:

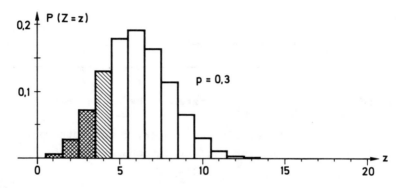

Die insgesamt schraffierte Fläche macht 24 % der Histogrammfläche aus, die doppelt schraffierte 11 %.

H_2 ist wahr, also ist p = 0,1.
H_2 wird abgelehnt, also ist die Anzahl der schlechten Uhren größer als die kritische Grenze 4 bzw. 3.

Lösung: Nun wird p = 0,1 angenommen:

a) $P_G (Z > 4) = \sum_{i=5}^{20} B(20; 0,1; i) = 1 - \sum_{i=0}^{4} B(20; 0,1; i) =$

$= 1 - 0,95683 = 0,04317 \approx \underline{4\ \%}$

b) $P_G (Z > 3) = \sum_{i=4}^{20} B(20; 0,1; i) = 1 - \sum_{i=0}^{3} B(20; 0,1; i) =$

$= 1 - 0,86705 = 0,13295 \approx \underline{13\ \%}$

Wenn wir die Ergebnisse der letzten sechs Seiten einander gegenüberstellen, läßt sich erkennen:

- Die Wahrscheinlichkeit für den Fehler, die Hypothese $H_2 : p = 0,1$ irrtümlich anzunehmen, ist bei der Entscheidungsregel

$Z \leqq 4 \longmapsto H_2$ annehmen   gleich $\underline{24\ \%}$

$Z \leqq 3 \longmapsto H_2$ annehmen   gleich $\underline{11\ \%}$

- Umgekehrt wächst aber die Wahrscheinlichkeit für den anderen Fehler, die Hypothese irrtümlich abzulehnen, bei Verkleinerung der kritischen Grenze von 4 auf 3 von $\underline{4\ \%}$ auf $\underline{13\ \%}$.

Die Einkäufer müssen sich erst darüber klar werden, für welchen der beiden Fehler sie die Wahrscheinlichkeit zum Nachteil des anderen besonders niedrig halten wollen. Dann können sie entscheiden.

Hier wird wieder der Betrag der jeweiligen Wahrscheinlichkeit bei den
Aufgaben a) und b) an einer Zeichnung veranschaulicht:

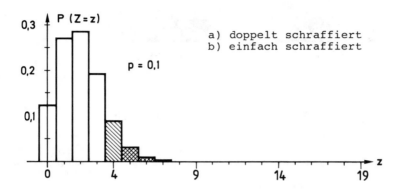

Es kommt demnach auf die Absichten und Zielsetzungen der Einkäufer
an, wenn es um die Frage geht, welche von den beiden Entscheidungsregeln für sie die bessere ist. Sie haben sich zu überlegen, was für
sie schwerer wiegen würde:

- eine irrtümliche Annahme der Hypothese H_2 : p = 0,1, das heißt: Sie
fallen auf das neue, nur angeblich bessere, Angebot herein. Sie lösen bestehende Geschäftsverbindungen, müssen sich vielleicht auch
auf neue Liefergewohnheiten und Zahlungsbedingungen einstellen;
vielleicht ist auch nicht gewiß, ob sie notfalls die **alten** Geschäftsbeziehungen wieder aufnehmen könnten.

- eine irrtümliche Ablehnung der Hypothese H_2 : p = 0,1, das heißt:
Sie könnten zwar den Anteil von Ausschuß wesentlich herabsetzen,
machen aber keinen Gebrauch von dem günstigen Angebot.

36 Zur Vertiefung wiederholen wir die Gedankengänge abermals am Urnenmodell:

Vorausgesetzt wird, daß der Anteil der schwarzen Kugeln entweder 40 % oder 20 % beträgt:

p = 0,4

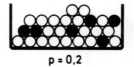
p = 0,2

Hypothesen:

$$H_1 : p = 0,4 \qquad H_2 : p = 0,2$$

Durch eine Stichprobe - mit Zurücklegen - vom Umfang 50 soll entschieden werden, welche der beiden Hypothesen man annimmt. Man hat sich also für eine der beiden Alternativen zu entscheiden und spricht deshalb von einem **Alternativtest**.

Frage:

Welche Entscheidungsregel würden Sie für die Annahme der Hypothese H_2 vorschlagen?

Man weiß eben, daß nur einer dieser beiden Fälle vorliegen kann:
p = 0,4 oder p = 0,2!

Welcher Fall wirklich vorliegt, ist nicht bekannt und kann aus irgendwelchen Gründen nicht ermittelt werden.

Hilfe:

Für p = 0,4 ergibt sich der Erwartungswert 20, für p = 0,2 der Erwartungswert 10.

38

Antwort:

Wegen 50 · 0,4 = 20 und 50 · 0,2 = 10
läge als kritische Grenze 15 nahe, so daß man etwa setzen **könnte**:

$z \leq 15 \longmapsto H_2$ annehmen.

Man nimmt somit H_2 an, falls $z \in \{0, 1, 2, \ldots, 14, 15\}$.
Diese Zahlenmenge nennt man den **"Annahmebereich"** der Hypothese H_2.

$\{16, 17, \ldots, 50\}$ heißt dann **"Ablehnungsbereich"** der Hypothese H_2.

Da es sich um einen Alternativtest handelt, ist natürlich der Annahmebereich der Hypothese H_2 gleichzeitig der Ablehnungsbereich der Hypothese H_1.

Aufgabe:

Wie groß ist bei der Entscheidungsregel

$z \leq 15 \longmapsto H_2$ annehmen

die Wahrscheinlichkeit, daß H_2 irrtümlich angenommen wird?

Entscheidet man sich, die Hypothese H_2 für $Z \leqq 15$ anzunehmen und für $Z > 15$ abzulehnen, werden die Wahrscheinlichkeiten für eine der beiden möglichen Fehlentscheidungen beide klein.
Sie sind in der folgenden Skizze durch die beiden von der Senkrechten abgeschnittenen Flächenstücke für $p = 0,2$ und $p = 0,4$ veranschaulicht, wobei die eigentlich nötigen Histogramme durch stetige Wahrscheinlichkeitsverteilungen ersetzt sind, da es ja nur um die qualitative Erklärung geht.

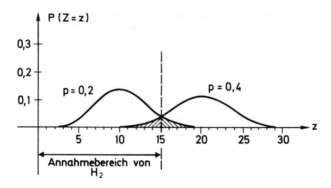

Würde man statt 15 etwa 13 oder 17 nehmen, fiele die insgesamt schraffierte Fläche größer aus. Durch eine vernünftige Wahl der kritischen Grenze versucht man, die Summe der beiden Fehlerwahrscheinlichkeiten möglichst klein zu halten.

$H_1 : p = 0,4$ $H_2 : p = 0,2$

Lösung:

$$P_{p=0,4}(Z \leq 15) = \sum_{i=0}^{15} B(50; 0,4; i) = 0,09550 \approx \underline{10\ \%}$$

Die Wahrscheinlichkeit für den anderen Fehler, nämlich H_2 irrtümlich abzulehnen, ist bei der vereinbarten Entscheidunsregel:

$$P_{p=0,2}(Z > 15) = 1 - \sum_{i=0}^{15} B(50; 0,2; i) = 1 - 0,96920 = 0,03080 \approx \underline{3\ \%}$$

Verständlicherweise sehen die Zahlen jetzt günstiger aus, weil der Stichprobenumfang erhöht wurde. Nur verursacht eine umfangreichere Stichprobe eben in der Praxis auch höhere Kosten.

Wiederholende Zusammenstellung:

Gelegentlich treten Problemstellungen auf, in denen sich zwei alternative Hypothesen H_1 und H_2 gegenüberstehen und bei denen man nicht wissen und nicht ermitteln kann, ob H_1 oder H_2 zutrifft.

Man kann dann einen Alternativtest durchführen, indem man sich aus der Ergebnismenge Ω eine Stichprobe - mit Zurücklegen - vom Umfang n zu ziehen vornimmt und aufgrund einer vorher aufgestellten Entscheidungsregel H_1 oder H_2 annimmt (und die andere Hypothese verwirft).

Dann lassen sich die Wahrscheinlichkeiten für die beiden denkbaren Fehler berechnen:
- daß man H_1 irrtümlich verwirft (und damit H_2 irrtümlich annimmt).

- daß man H_1 irrtümlich annimmt (und damit H_2 irrtümlich ablehnt).

II. Teil: Fehler und Risiken

Bei einem Alternativtest liegt folgende Situation vor: Man weiß, daß entweder eine Hypothese H_1 über eine Wahrscheinlichkeit p zutrifft oder die (bekannte) Alternative dazu. Die Alternative hatten wir mit H_2 bezeichnet.

Im Prinzip geht es also nur um **eine** Hypothese, und man fragt sich, ob sie zutrifft oder nicht. Daher kann man sich auf eine Hypothese allein beschränken; man bezeichnet sie gern als H_o.

Wenn eine Hypothese H_o zu testen ist, können einem nach Aufstellen einer Entscheidungsregel prinzipiell zwei Fehler unterlaufen:

der **"Fehler 1. Art"**: H_o ist zwar wahr, wird aber verworfen.
der **"Fehler 2. Art"**: H_o ist zwar falsch, wird aber angenommen.

Aufgabe:

Berechnen Sie die Wahrscheinlichkeit für den Fehler 1. Art, wenn die Hypothese H_o : p = 0,8 durch eine Stichprobe vom Umfang 50 mit der Entscheidungsregel

$Z \geq 37 \longmapsto H_o$ annehmen

gegen ihre Alternative p = 0,5 getestet wird.

H_o wird als "Nullhypothese" bezeichnet.

Sie finden diese Bezeichnungen auch in der Formelsammlung von Barth-Mühlbauer-Nikol-Wörle: Mathematische Formeln und Definitionen; Bayerischer Schulbuch-Verlag und Lindauer Verlag, beide München.

Der Annahmebereich ist dann {37, 38, ..., 50}.

Hinweis:

Da hier nur der Fehler 1. Art betrachtet wird, kommt es auf die Alternative p = 0,5 gar nicht an. Sie rechtfertigt quasi nur die Wahl der Entscheidungsregel: Denn wäre die Alternative etwa p = 0,9, so müßte man die Entscheidungsregel so wählen, daß H_o für hinreichend **kleine** z anzunehmen wäre.

44 Lösung: H_o ist wahr, also p = 0,8.

H_o wird abgelehnt, wenn $Z \leq 36$.

Gefragt ist die (bedingte) Wahrscheinlichkeit dafür, daß $Z \leq 36$, falls p = 0,8.

$$\sum_{i=0}^{36} B(50; 0,8; i) = 0,11059 \approx 0,11 = \underline{11\ \%}$$

Die Alternative zu H_o bezeichnet man als $\overline{H_o}$, sprich "H null quer".
Es geht jeweils um die Berechnung der beiden **Wahrscheinlichkeiten**, mit der der Fehler 1. Art bzw. der Fehler 2. Art begangen wird. Sie bezeichnet man als die Risiken, genauer:
Die Wahrscheinlichkeit, mit der man einen Fehler 1. Art begeht, nennt man **"Risiko 1. Art"** - analog wird das **"Risiko 2. Art"** definiert.

Aufgabe:

Die Hypothese H_o : p = 0,5 wird gegen die Alternative $\overline{H_o}$: p = 0,7 durch eine Stichprobe vom Umfang 50 getestet mit folgender Entscheidungsregel:

$Z \leq 30 \longmapsto H_o$ annehmen, sonst verwerfen.

Berechnen Sie das Risiko 1. Art.

__Ergänzung:__ Die Wahrscheinlichkeit für den Fehler 2. Art ist

$$P_{p=0,5}(Z \geq 37) = \sum_{i=37}^{50} B(50; 0,5; i) = 1 - \sum_{i=0}^{36} B(50; 0,5; i) =$$

$$= 1 - 0,99953 = 0,00047 \approx \underline{0}$$

Beidemal handelt es sich um eine **bedingte** Wahrscheinlichkeit!

Zusammenstellung:

	Fehler	Risiko
1. Art:	Obwohl H_o wahr ist, wird H_o abgelehnt.	Die Wahrscheinlichkeit, mit der dies geschieht.
2. Art:	Obwohl H_o falsch ist, wird H_o angenommen.	Die Wahrscheinlichkeit, mit der dies geschieht.

__Hinweis:__

Machen Sie sich klar, daß Sie für diese Rechnung p = 0,7 nicht brauchen!

46 Lösung: H_o ist wahr, also $p = 0,5$.

H_o wird abgelehnt, also ist die Anzahl z größer als 30:

$$\sum_{i=31}^{50} B(50; 0,5; i) = 1 - \sum_{i=0}^{30} B(50; 0,5; i) = 1 - 0,94054 \approx \underline{6\ \%}$$

Als nächstes sollen Sie für die Aufgabe von Seite 44 das Risiko 2. Art berechnen.

Dabei ist die Bedingung, daß H_o falsch ist. Und unter dieser Bedingung soll ermittelt werden, wie groß die Wahrscheinlichkeit dafür ist, daß - nach der aufgestellten Entscheidungsregel - H_o dennoch angenommen wird:

Aufgabe:

Die Hypothese H_o : $p = 0,5$ wird gegen die Alternative $\overline{H_o}$: $p = 0,7$ durch eine Stichprobe vom Umfang 50 getestet mit folgender Entscheidungsregel: Wenn höchstens 30 Stück der gezogenen Stichprobe einer gewissen Bedingung genügen, wird H_o angenommen, sonst abgelehnt.

Berechnen Sie das Risiko 2. Art.

Hier nochmals die Zusammenstellung von Seite 45:

	Fehler	Risiko
1. Art	H_0 ist zwar wahr, wird aber abgelehnt.	Die Wahrscheinlichkeit, mit der dies geschieht.
2. Art	H_0 ist zwar falsch, wird aber angenommen.	Die Wahrscheinlichkeit, mit der dies geschieht.

Die "gewisse Bedingung" könnte etwa ein Qualitätskriterium sein - so beispielsweise eine Mindestbrenndauer von 500 Stunden, wenn es sich um Glühlampen handelt.
Bei schlechten Lieferungen erfüllen nach Aufgabenstellung 50 % diese Bedingung, bei guten 70 %.

Hinweis:

Machen Sie sich klar, daß Sie für diese Rechnung $p = 0,5$ nicht brauchen!

48 Lösung:

H_0 ist falsch, also p = 0,7.
H_0 wird trotzdem angenommen, also $Z \leqq 30$.

$$\sum_{i=0}^{30} B(50; 0,7; i) = 0,08480 \approx \underline{8 \%}$$

Wenn man den Umfang der Stichprobe groß genug wählt, kann man durchaus beide Risiken hinreichend klein halten, womit man freilich in aller Regel auch höhere Kosten verursacht.
Falls Sie mit der integralen Näherungsformel von Laplace vertraut sind, bearbeiten Sie bitte die folgende Aufgabe mit Hilfe dieser Annäherung; **andernfalls ──▶ Seite 58.**

Aufgabe:

Die Hypothese H_0 : p = 0,5 wird gegen die Alternative $\overline{H_0}$: p = 0,7 durch eine Stichprobe vom Umfang 144 getestet mit folgender Entscheidungsregel:
H_0 wird genau dann angenommen, wenn höchstens 90 Stück der Stichprobe einer gewissen Bedingung genügen.

Berechnen Sie das Risiko 1. Art.

Ergebnis ausnahmsweise auf Zehntelprozent genau!

Beim Glühlampenbeispiel würde das bedeuten, daß mit einer Wahrscheinlichkeit von rund 8 % die Hypothese H_o: p = 0,5 angenommen wird, wenn in Wirklichkeit p = 0,7 zutrifft.

Mit 8 %igem Risiko hält man also die Glühlampen für "schlechter" als sie tatsächlich sind.

Die Verteilungsfunktion der Normalverteilung mit dem Erwartungswert µ = 0 und der Standardabweichung σ = 1 hat den Term

$$\Phi(x) = \frac{1}{\sqrt{2\pi}} \int_{-\infty}^{x} e^{-\frac{1}{2} \cdot t^2} dt$$

Ist F die Verteilungsfunktion einer binominal verteilten Zufallsgröße mit dem Erwartungswert µ = np und der Standardabweichung

$\sigma = \sqrt{np(1-p)}$, so gilt für $x \in N_o$:

$$F(x) \approx \Phi\left(\frac{x - \mu + 0,5}{\sigma}\right), \text{ falls } np(1-p) > 9.$$

Die $\Phi(x)$-Werte findet man in der Tabelle.

Lösung:

Unter der Annahme $p = 0,5$ ist $\mu = 0,5 \cdot 144 = 72$,

$$\sigma = \sqrt{144 \cdot 0,5 \cdot 0,5} = 12 \cdot 0,5 = 6$$

Für $x: = 90$ ergibt sich:

$$\frac{x - \mu + 0,5}{\sigma} = \frac{90 - 72 + 0,5}{6} = \frac{18,5}{6} \approx 3,08$$

$$P(X > 90) \approx 1 - \Phi(3,08) \approx 1 - 0,999 = 0,001 \approx 0,1 \%$$

Für das Risiko 2. Art erhält man dann mit $p = 0,7$ und

$$\mu = 0,7 \cdot 144 \approx 101, \quad \sigma = \sqrt{144 \cdot 0,7 \cdot 0,3} \approx 5,50$$

$$\frac{x - \mu + 0,5}{\sigma} = \frac{90 - 101 + 0,5}{5,5} = -\frac{10,5}{5,5} \approx -1,91$$

$$P(X \leq 90) \approx \Phi(-1,91) = 1 - \Phi(1,91) \approx 1 - 0,97193 \approx \underline{2,8 \%}$$

Der Stichprobenumfang 144 wäre demnach für unsere Aufgabe recht ideal - vielleicht auch schon unnötig groß. Wir ändern daher die Aufgabe etwas ab:

Aufgabe:

Die Hypothese $H_0 : p = 0,5$ wird gegen die Alternative $\overline{H_0} : p = 0,7$ durch eine Stichprobe vom Umfang n getestet mit folgender Entscheidungsregel:
H_0 wird genau dann angenommen, wenn höchstens $0,6 \cdot n$ Stück der Stichprobe einer gewissen Bedingung genügen.

Wie groß muß n mindestens gewählt werden, damit das Risiko 1. Art 3 % nicht übertrifft?

Bitte zunächst nur abschätzen, indem Sie den Korrektursummanden 0,5 vernachlässigen!

Die Anwendung der integralen Näherung ist zulässig, da hier

$$np(1-p) = 144 \cdot 0,5 \cdot 0,5 = 36 > 9 \text{ ist!}$$

(Es kann nicht erwartet werden, daß Sie rechnerisch genau so vorgegangen sind.)

Der exakte Wert wäre

$$P(X > 90) = P(X \geq 91) = \sum_{k=91}^{144} B(144; 0,5; k).$$

Bei Anwendung der integralen Näherungsformel wird vom Intervall [90,5; 144] ausgegangen. Die Berücksichtigung des Korrektursummanden 0,5 finden Sie auch in der Formelsammlung angegeben.

Die Aufgabe ist dadurch schwieriger, daß der Stichprobenumfang n nicht von vornherein vorgegeben ist. Man kann n aus folgendem Ansatz berechnen:

$$P_{p=0,5}(X > 0,6 \cdot n) \leq 0,03$$

Dabei soll von der integralen Näherungsformel von Laplace Gebrauch gemacht werden.

Es ist

$$\mu = 0,5 n, \quad \sigma = \sqrt{n \cdot 0,5 \cdot 0,5} = 0,5 \sqrt{n}$$

Wenn Sie entsprechend wie auf Seite 50 vorgehen, erhalten Sie dieses Mal eine Ungleichung für n; man muß sie mit einer natürlichen Zahl lösen.

Lösung:

$$P_{p=0,5}(X > 0,6\,n) \leq 0,03$$

$$1 - \Phi\left(\frac{0,6\,n - \mu}{\sigma}\right) \leq 0,03$$

$$0,97 \leq \Phi\left(\frac{0,6\,n - 0,5\,n}{0,5\sqrt{n}}\right)$$

$$0,97 \leq \Phi\left(\frac{0,1\,n}{0,5\sqrt{n}}\right)$$

$$0,97 \leq \Phi\left(\frac{n}{5\sqrt{n}}\right)$$

$$\frac{n}{5\sqrt{n}} \geq 1,88$$

$$\sqrt{n} \geq 9,40 \implies n_{minimal} = 89$$

Nach der Aufgabenstellung auf Seite 50 soll H_o genau dann angenommen werden, wenn höchstens 0,6 n Stück der Stichprobe einer gewissen Bedingung genügen. Mit n = 89 ergibt sich für 0,6 n der Wert 53,4.

Aufgabe:

Stellen Sie nun die Entscheidungsregel auf.

Nach der integralen Näherungsformel müßte vom Intervall
]0,6 n; + ∞[eigentlich auf das Intervall]0,6 n - 0,5; + ∞[
übergegangen werden, wobei freilich der Subtrahend 0,5 bei großem n
keine nennenswerte Rolle spielt. Wir berücksichtigen zunächst diese
"Stetigkeitskorrektur" hier nicht, schätzen das Ergebnis also nur ab.

Beachten Sie: 1,88 trifft wesentlich besser als 1,89!

Hätten wir bei der Lösung zur Aufgabe von Seite 50 nicht so großzügig
auf das Korrekturglied + 0,5 verzichtet, wäre eine quadratische Ungleichung zu lösen gewesen. Im Hinblick auf die vorgenommene Näherung
durch die Formel für die Normalverteilung ist aber das numerische
Ergebnis unserer Rechnung sowieso nur von bescheidener Genauigkeit.

Nachträglich können wir die Anwendung der Näherungsformel rechtferti-
gen:

$np(1-p) = 89 \cdot 0,5 \cdot 0,5 = 22,25 > 9$

Daß das Risiko 1. Art nach Aufgabenstellung 3 % nicht übertreffen
soll, bedeutet an der Skizze des Histogramms (das wieder nur angedeu-
tet wird), daß der schraffierte Anteil höchstens 3 % ausmacht:

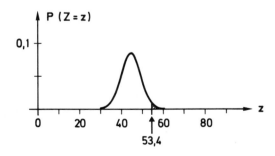

54

Lösung:

Es sei Z: = Stückzahl derjenigen von der Stichprobe vom Umfang 89, die der Bedingung genügen.

$Z \leq 54 \longmapsto H_o$ annehmen.

Mit der getroffenen Festsetzung der Entscheidungsregel haben wir dafür gesorgt, daß das Risiko 1. Art 3 % nicht übertrifft.
Nun wäre von Interesse, wie groß das Risiko 2. Art ist:

Aufgabe:

Berechnen Sie für die Aufgabe auf Seite 50 das sich für die festgelegte Entscheidungsregel ergebende Risiko 2. Art.

Berücksichtigen Sie dabei bitte das Korrekturglied + 0,5!

Man wird 53,4 auf 54 **auf**runden, weil das Risiko 1. Art bei Zurücknahme der kritischen Grenze größer werden könnte als die verlangten 3 %.

Der Annahmebereich ist also {0,1, ..., 54}.

Nun **könnte** man nach Aufstellen der Entscheidungsregel das tatsächliche Risiko 1. Art durch Berücksichtigung der Stetigkeitskorrektur berechnen. Ergebnis:

$1 - \Phi(1,91) \approx \underline{2,8 \%}$

Zur Erinnerung: Unter dem Risiko 2. Art versteht man die (bedingte) Wahrscheinlichkeit dafür, daß man einen Fehler zweiter Art begeht: daß nämlich die Hypothese H_o zwar falsch ist, aber dennoch angenommen wird.

Die Hypothese H_o : p = 0,5 wird gegen ihre Alternative $\overline{H_o}$: p = 0,7 mit einer Stichprobe vom Umfang 89 getestet nach der Entscheidungsregel $Z \leq 54 \longmapsto H_o$ annehmen.

56 Lösung:

Man muß nun p = 0,7 annehmen; dann ist

$\mu = 0{,}7 \cdot 89 = 62{,}3$

$\sigma = \sqrt{89 \cdot 0{,}7 \cdot 0{,}3} \approx 4{,}32$

$P(X \leq 54 + 0{,}5) \approx \Phi\left(\dfrac{54 + 0{,}5 - 62{,}3}{4{,}32}\right) \approx \Phi(-1{,}81)$

$1 - \Phi(1{,}81) = 1 - 0{,}96485 = 0{,}03515 \approx \underline{4\ \%}$

Bei Verwendung der integralen Näherungsformel kann man natürlich keine exakten Werte erhoffen.

Das hier eben ermittelte Risiko 2. Art wäre exakt gleich

$$\sum_{i=0}^{54} B(89;\ 0{,}7;\ i) = \sum_{i=0}^{54} \binom{89}{i} \cdot 0{,}7^i \cdot 0{,}3^{89-i}$$

Anmerkung:

Wenn man σ nicht zwischendurch numerisch auswertet, erhält man
Φ (- 1,80) und kommt auf etwa 3,6 %.

Die kritische Grenze des Annahmebereichs wirkt sich hier stark aus:
Hätten wir statt 54 die Zahl 53 gewählt, wäre das Risiko 2. Art nur
rund 2 % geworden.

Es wäre eine schöne Aufgabe, dieses exakte Ergebnis mit dem Computer
auszuwerten. Freilich kommt durch die Addition ein Rundungsfehler
herein.
Bearbeiter des Programms ermittelten mit dem Computer den gesuchten
Wert zu etwa 3,4 %.

III. Teil: Zusammengesetzte Hypothesen und der Übergang zur Alternativhypothese

In den bisherigen Beispielen ging es immer um Trefferwahrscheinlichkeiten p, die jeweils mit einer einzigen Zahl übereinstimmten, also p = 0,5 oder p = 0,7. Die nach den jeweiligen Hypothesen unterstellten Trefferwahrscheinlichkeiten ergaben jeweils einelementige Mengen.
Bei der Hypothese $H_0 : p \leq 0,4$ ist das anders; hier werden sogar unendlich viele Trefferwahrscheinlichkeiten zugelassen.
Wenn mehr als ein p-Wert zugelassen wird, nennt man die Hypothese "zusammengesetzt", sonst "einfach":

Definition:

Ist die Menge der nach einer Hypothese zulässigen Trefferwahrscheinlichkeiten einelementig, nennt man sie **einfach**; ist sie mehrelementig, nennt man sie **zusammengesetzt**.

Wenn die Hypothese $H_0 : p \leq 0,4$ getestet werden soll, wird man den Annahmebereich A sicher von der Art A = {0,1, ... c} wählen. Der Wert c hängt natürlich davon ab, welche Höhe man für das Risiko 1. Art in Kauf zu nehmen bereit ist.

Beim Risiko 1. Art handelt es sich um eine bedingte Wahrscheinlichkeit; die Bedingung ist durch die Hypothese $H_0 : p \leq 0,4$ gegeben.

Frage:

Wann wird beim Testen von $H_0 : p \leq 0,4$ das Risiko 1. Art größer sein: für p = 0,1 oder p = 0,4?

Die einelementigen Mengen wären etwa {0,5} oder {0,7}.

Mit H_o vertragen sich beispielsweise p = 0,1 und p = 0,2. Die Menge aller bei H_o zulässigen Trefferwahrscheinlichkeiten ist $\{p|p \leqq 0,4\}$; sie enthält 0, die Zahl 0,4 und alle Zwischenwerte.

p könnte etwa die Wahrscheinlichkeit bedeuten sollen, mit der ein Autofahrer wochentags am Vormittag in der Nähe des Stadtzentrums einen freien Parkplatz findet.

Weitere drei Beispiele für zusammengesetzte Hypothesen:

① H_o : p > 0,5

② H_o : p = 0,1 $\vee$ p = 0,6
              (oder!)

③ H_o : p $\geqq$ 0,7

Das ist keine Raterei! Beachten Sie die Bedeutung des Risikos 1. Art und die Form unserer Entscheidungsregel: eine großzügige Skizze der beiden Histogramme könnte gute Dienste tun!

60

Antwort:

Das Risiko 1. Art wird für die Trefferwahrscheinlichkeit p = 0,4 größer sein als für 0,1.

Zur Erklärung:
Wir haben c noch nicht bestimmt und können nur erwarten, daß es deutlich rechts von 0 liegen wird. Lassen wir seine Größe noch offen und überlegen uns die eben beantwortete Frage an einer Skizze mit den beiden Histogrammen für p = 0,1 und p = 0,4:

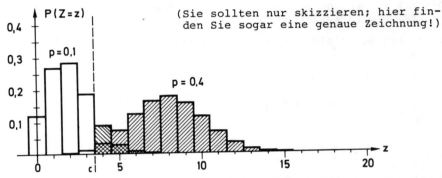

(Sie sollten nur skizzieren; hier finden Sie sogar eine genaue Zeichnung!)

Das Risiko 1. Art ist die Wahrscheinlichkeit dafür, daß die Zahl der Treffer größer als c ist. Die sich für p = 0,1 und p = 0,4 ergebenden Wahrscheinlichkeiten sind durch Schraffur veranschaulicht.

Aufgabe:

a) Zeichnen Sie das Histogramm für die Binomialverteilung mit n = 20 und p = 0,4.

b) Veranschaulichen Sie durch Schraffieren das Risiko 1. Art, das sich für p = 0,4 bei folgender Entscheidungsregel ergibt:

$z \leq 9 \longmapsto H_0 : p \leq 0,4$ wird angenommen.

Hier finden Sie weitere Erklärungen dafür, daß das Risiko 1. Art bei festgehaltenem Annahmebereich A = {0,1, ... c} für die Hypothese H_o: p ≦ 0,4 mit zunehmender Trefferwahrscheinlichkeit p größer wird:

1. Für p = 0 ist das Risiko 1. Art gleich 0:

$$P_{p=0}(Z > c) = \sum_{i=c+1}^{20} B(20; 0; i) = \sum_{i=c+1}^{20} \binom{20}{i} \cdot 0^i \cdot 1^{20-i} = 0$$

2. Falls p = 0,01 ist:
Erklärung, daß sich für **p = 0,01** fast null ergibt: Das Risiko 1. Art ist dann die Wahrscheinlichkeit dafür, daß H_o verworfen wird, obwohl die Trefferwahrscheinlichkeit 1 % ist.

H_o würden wir aber nur verwerfen, wenn wir mehr als c Treffer in der Stichprobe vorfinden. Diese Wahrscheinlichkeit wird klein sein.

3. Falls p = 0,4:
Erklärung, daß sich für **p = 0,4** ein vergleichsweise größerer Wert ergeben muß: Das Risiko 1. Art ist dann die Wahrscheinlichkeit dafür, daß wir mehr als c Treffer in der Stichprobe vorfinden bei einer Trefferwahrscheinlichkeit von 40 % im Einzelfall.

Lösung:

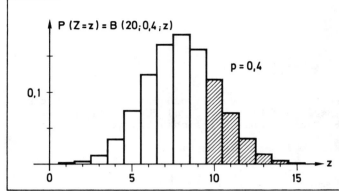

Zum Vergleich bringen wir hier das Histogramm, das sich für p = 0,3 ergibt - unter sonst gleichen Bedingungen:

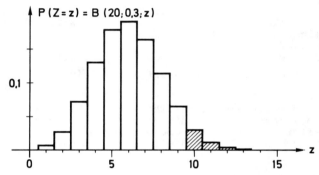

Es ist anschaulich einleuchtend, daß das Risiko 1. Art für die Hypothese H_o mit einer Entscheidungsregel der Art

$Z \leqq c \longmapsto H_o$ annehmen

mit abnehmendem p immer kleiner wird.

Aufgabe:

Bestimmen Sie nun eine möglichst kleine natürliche Zahl c so, daß beim Stichprobenumfang n = 20 das Risiko 1. Art bezüglich der Hypothese H_o : $p \leqq 0,4$ für jedes in Frage kommende p unter 10 % bleibt.

Das Risiko 1. Art ist offensichtlich größer als 10 %; d.h.: es ist mehr als ein Zehntel der Gesamtfläche schraffiert.

Hier sind nur 5 % der Histogrammfläche schraffiert, für p = 0,2 wären es nur noch 0,3 %.

Der Beweis dieser Aussage ist ziemlich langwierig; daher muß er hier unterbleiben.

Beachten Sie, daß das Risiko 1. Art für die zusammengesetzte Hypothese H_o : p $\leqq$ 0,4 maximal wird für p = 0,4!

Lösung:

$$P_{p=0,4}(Z > c) < 10\% \iff \sum_{i=c+1}^{20} B(20; 0,4; i) < 0,10$$

$$\sum_{i=0}^{c} B(20; 0,4; i) > 0,90 \implies c_{minimal} = 11$$

In dieser Aufgabe war die kritische Grenze c möglichst klein zu wählen. Nur das minimale c ist von Interesse, weil man natürlich durch eine unbedacht große Wahl von c (also etwa 19 oder gar 20) sehr einfach das Risiko 1. Art gering halten kann - aber ein großes Risiko 2. Art in Kauf nehmen würde.

Demnach ist die Entscheidungsregel für die Hypothese $H_o : p \leq 0,4$ beim Stichprobenumfang 20 so zu wählen:

$z \leq 11 \longmapsto H_o$ wird angenommen,

wenn man die beobachtete Trefferzahl mit z bezeichnet.

Bisher haben wir bezüglich der Hypothese $H_o : p \leq 0,4$ nur auf den Fehler 1. Art geachtet und dafür gesorgt, daß das Risiko 1. Art unter 10 % bleibt. Nun denken wir auch an den Fehler 2. Art, daß also H_o angenommen wird, obwohl $p \leq 0,4$ **nicht** zutrifft. Es kommt dann auf den konkret vorliegenden Fall an, welche Trefferwahrscheinlichkeiten p interessieren können. In den früheren Beispielen war immer die Alternativhypothese bekannt - hier ist sie es nicht. Sie **könnte** etwa $p > 0,4$ **oder** $p = 0,8$ heißen. Wenn außer der Hypothese H_o auch ihre Alternative bekannt ist, spricht man von einem **Alternativtest**, sonst von einem **Signifikanztest**.*)

Aufgabe:

Berechnen Sie das Risiko 2. Art beim Testen der Hypothese

$H_o : p \leq 0,4$,

wenn p = 0,6 und die Entscheidungsregel lautet:

$z \leq 11 \longmapsto H_o$ wird angenommen.

*) significare (lat.): bezeichnen

$P_{p=0,4}$ (Z > c) bedeutet die Wahrscheinlichkeit für das durch Z > c gekennzeichnete Ereignis unter der Bedingung, daß p = 0,4 ist.

Die **tatsächliche** Wahrscheinlichkeit für den Fehler 1. Art ist dann maximal

$$P_{0,4}(Z > 11) = 1 - P_{0,4}(Z \leq 11) \approx 0,057 = 5,7\,\% < 10\,\%$$

$H_0 : p \leq 0,4$ bedeutet, daß die Erfolgswahrscheinlichkeit im Einzelfall höchstens 40 % beträgt.

Das Risiko 2. Art ist die Wahrscheinlichkeit dafür, daß H_0 falsch ist und trotzdem angenommen wird. Daß H_0 falsch ist, bedeutet hier: p > 0,4. Nach Aufgabenstellung soll speziell p = 0,6 angenommen werden.

Lösung:

$$P_{p=0,6}(Z \leqq 11) = \sum_{i=0}^{11} B(20; 0,6; i) = 0,40440 \approx 40\,\%$$

Der Wert für das Risiko 2. Art ist hier wohl schon bedenklich hoch. Der Grund liegt darin, daß der Stichprobenumfang mit n = 20 ziemlich klein ist.

Für p = 0,5 anstatt p = 0,6 würde das Risiko 2. Art sogar noch größer:

$$P_{p=0,5}(Z \leqq 11) = \sum_{i=0}^{11} B(20; 0,5; i) = 0,74825 \approx 75\,\%$$

Entsprechend, wie auf den Seiten 60/62 dargelegt, nimmt das Risiko zu, je näher man die Trefferwahrscheinlichkeit p an den kritischen Wert 0,4 herankommen läßt.

Aufgabe:

Berechnen Sie das Supremum für das Risiko 2. Art beim Testen der Hypothese $H_o : p \leqq 0,4$, wenn die Entscheidungsregel lautet:

$Z \leqq 11 \longmapsto H_o$ wird angenommen.

Das Risiko 2. Art wird hier wieder durch die beiden Bildchen veranschaulicht, die zu p = 0,5 und p = 0,6 gehören; dabei haben wir uns großzügig auf krummlinige Skizzen beschränkt:

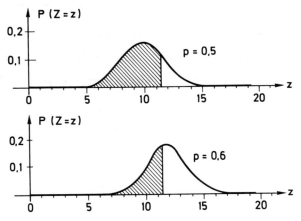

Das Risiko 2. Art ist die Wahrscheinlichkeit dafür, daß $H_o: p \leq 0,4$ falsch ist und trotzdem angenommen wird, daß also:

$Z \leq 11$, obwohl $p > 0,4$.

Veranschaulicht wird es jeweils durch die schraffierte Fläche.

Ein Maximum gibt es (für $p > 0,4$!) nicht. Daher ist nur die kleinste obere Schranke dafür von Interesse. Man nennt sie auch das Supremum; man erhält es rechnerisch durch Einsetzen von p = 0,4.
Das Risiko 2. Art wird umso größer, je weiter sich die Trefferwahrscheinlichkeit p dem Wert 0,4 nähert. (Sie wird ja beim Fehler 2. Art **größer** als 0,4 vorausgesetzt!)

Lösung:

$$P_{p=0,4}(Z \leq 11) = \sum_{i=0}^{11} B(20; 0,4; i) = 0,94347 \approx \underline{94\%}$$

Der Stichprobenumfang war eben bedenklich klein.

Übungsangebot für Sie: Rechnen Sie "dieselbe" Aufgabe nochmals durch mit dem Stichprobenumfang n = 100.
Wenn Sie auf diese Übung verzichten wollen ⟶ Seite 72 Mitte.

Aufgabe:

Es soll die Hypothese $H_o : p \leq 0,4$ durch eine Entscheidungsregel der Art getestet werden:

$Z \leq c \longmapsto H_o$ wird angenommen.

Bestimmen Sie eine möglichst kleine natürliche Zahl c so, daß das Risiko 1. Art - für jedes p - unter 10 % bleibt.

Der Stichprobenumfang ist 100.

Die hier errechneten 94 % stehen in einem engen Zusammenhang mit dem
auf Seite 65 angegebenen maximalen Risiko 1. Art:
1 - maximales Risiko 1. Art = Supremum des Risikos 2. Art.

Man darf den Umfang der Stichprobe eben nicht nur gleich 20 setzen,
das kann ja eigentlich nicht überraschen.
Für unsere Bildchen war n = 20 aber bequemer als etwa n = 100!

Durch die Wahl eines minimalen c läßt man das Risiko 2. Art nicht
unnötig groß werden.

Das Risiko 1. Art wird maximal für p = 0,4!

70

Lösung:

$$P_{p=0,4}(Z > c) < 10\,\%$$

$$\sum_{i=c+1}^{100} B(100; 0,4; i) < 0,10$$

$$\sum_{i=0}^{c} B(100; 0,4; i) > 0,90 \implies c_{min} = 46$$

Die Entscheidungsregel lautet nun:

$Z \leq 46 \longmapsto H_o$ annehmen.

Aufgabe:

Berechnen Sie für diese Entscheidungsregel
a) das Risiko 2. Art für $p = 0,5$
b) das Supremum des Risikos 2. Art.

$$\sum_{i=c+1}^{100} B(100; 0,4; i) = 1 - \sum_{i=0}^{c} B(100; 0,4; i)$$

c_{min} bedeutet dabei $c_{minimal}$.

Wir haben c so ermittelt, daß sich für das maximale Risiko 1. Art der Wert

$$1 - \sum_{i=0}^{46} B(100; 0,4; i) = 1 - 0,90702 = 0,09288 \approx 9\,\% \quad \text{ergibt.}$$

Risiko 2. Art = Wahrscheinlichkeit für den Fehler 2. Art.

Hier ist p > 0,4 zu betrachten; das Supremum erhalten Sie durch Einsetzen von p = 0,4!

Lösung:

a) $P_{p=0,5}(Z \leq 46) = \sum_{i=0}^{46} B(100; 0,5; i) = 0,24206 \approx \underline{24\ \%}$

b) $P_{p=0,4}(Z \leq 46) = \sum_{i=0}^{46} B(100; 0,4; i) = 0,90702 \approx \underline{91\ \%}$

Das Risiko 2. Art ist also auch beim Stichprobenumfang 100 noch bedenklich hoch.

Freilich nur im Fall des Supremums! Eine Trefferwahrscheinlichkeit von 50 % wird ja schon "nur" noch mit 24 %iger Wahrscheinlichkeit verkannt.

Das Testverfahren für die Hypothese $H_o : p \leq 0,4$ haben wir bis jetzt als einen Signifikanztest aufgefaßt. Die Alternative $\overline{H_o}$ könnte $p > 0,4$ sein. Das soll im folgenden angenommen werden; wir haben es dann mit einem Alternativtest zu tun.

Aufgabe:

Bestimmen Sie beim Stichprobenumfang n = 20 eine möglichst kleine natürliche Zahl c so, daß für die Alternative $\overline{H_o} : p > 0,4$ bei der Entscheidungsregel

$Z \geq c \longmapsto \overline{H_o}$ annehmen

das maximale Risiko 2. Art für das Testen der Hypothese $\overline{H_o}$ unter 10 % bleibt.

Es kann nicht überraschen, daß sich hier die Differenz gegenüber 1
von dem auf Seite 71 angegebenen maximalen Risiko 1. Art ergibt.

Wenn p - wie auf Seite 59 angegeben - beispielsweise die Trefferwahrscheinlichkeit bei der Parkplatzsuche bedeutet, wird man in der Tat
p > 0,4 als Alternative ansehen!

Als Annahmebereich für $\overline{H_o}$ muß dann "das rechte Ende" von
{0,1, .., 19, 20} gewählt werden:

{c, c + 1, ..., 20}

Wir nehmen als Randwert des Annahmebereichs wieder c. So sind wir ja
bisher stets verfahren.
"Fehler 2. Art": Die Hypothese (hier $\overline{H_o}$) ist falsch und wird angenommen.

Lösung:

$$P_{p=0,4}(Z \geq c) < 0{,}10 \iff \sum_{i=c}^{20} B(20;\ 0{,}4;\ i) < 0{,}10$$

$$\iff 1 - \sum_{i=0}^{c-1} B(20;\ 0{,}4;\ i) < 0{,}10$$

$$\iff \sum_{i=0}^{c-1} B(20;\ 0{,}4;\ i) > 0{,}90 \implies c - 1 \geq 11 \iff c \geq 12$$

$$\underline{c_{min} = 12}$$

Als Annahmebereich für $\overline{H_o}$ ist dann also $\{12, 13, \ldots, 20\}$ zu wählen.
Das ist genau folgende Restmenge:
$\{0,1, \ldots, 20\} \setminus \{0,1, \ldots, 11\}$

Bei H_o und $\overline{H_o}$ vertauschen sich also die Rollen von den Fehlern 1. und 2. Art, was ja gar nicht überraschend ist.
Es war also rechnerisch unwichtig, ob wir auf Seite 60 die Hypothese $p \leq 0{,}4$ als H_o gewählt und das Risiko 1. Art klein gehalten haben oder ihre Alternative $p > 0{,}4$ und dafür das Risiko 2. Art klein.

Neu war an den Aufgaben des III. Teils im wesentlichen, daß die beiden zu vergleichenden Alternativen nicht einfache Hypothesen waren, sondern zusammengesetzte. Und zum Schluß wurde der Zusammenhang zwischen dem Testen von H_o und von $\overline{H_o}$ herausgestellt. Er wird auf den folgenden Seiten nochmals verdeutlicht.

{0,1, ,..., 11} ergab sich auf den Seiten 62/64 als Annahmebereich für H_o, wenn das Risiko 1. Art unter 10 % bleiben sollte!
Schließlich sind ja H_o und $\overline{H_o}$ Alternativen zueinander - entsprechend wie der Fehler 1. Art und der 2. Art. Es kommt demnach auf das gleiche hinaus, ob man für H_o das Risiko 1. Art klein hält oder für $\overline{H_o}$ das Risiko 2. Art.

"Zusammengesetzte Hypothese": Die Menge der von der Hypothese angenommenen Trefferwahrscheinlichkeiten enthält mehr als ein Element. Das Testen wird etwas schwieriger, wenn zu einer aufgestellten These nicht nur eine punktuelle Gegenthese existiert.

Demonstration am Urnenbeispiel

Man hat eine Urne vor sich und weiß nicht, ob der Anteil der schwarzen Kugeln höchstens 10 % beträgt oder mindestens 50 %.

Es wird ein Test durchgeführt: n Kugeln werden - mit Zurücklegen - der Reihe nach entnommen. Aufgrund einer vorher aufgestellten Entscheidungsregel kann man dann

$$H_o : p \leq 0,1 \qquad \text{oder} \qquad \overline{H_o} : p \geq 0,5$$

annehmen bzw. verwerfen. Es genügt, **eine** der beiden Hypothesen zu testen.

Nimmt man für den Annahmebereich der einen Hypothese genau den Ablehnungsbereich der andern, fällt das maximale Risiko 1. Art beim Testen von H_o inhaltlich mit dem maximalen Risiko 2. Art beim Testen von $\overline{H_o}$ zusammen, entsprechend das maximale Risiko 2. Art beim Testen von H_o mit dem 1. Art beim Testen von $\overline{H_o}$. Von der Sachlage her ist es also gleichgültig, ob man eine Hypothese oder ihre Alternative testet.

Wir nehmen nun an, es behaupte jemand, die Trefferwahrscheinlichkeit p sei mindestens 0,5. Er kann natürlich nicht **beweisen**, daß $p \geq 0,5$ zutrifft. Man kann ja nicht einmal die **Wahrscheinlichkeit** dafür berechnen, daß $p \geq 0,5$ gilt.

Man kann nur darauf bedacht sein, die Wahrscheinlichkeit von falschen Annahmen möglichst niedrig zu halten, indem man ein Testverfahren durchführt. Das bedeutet dann der Reihe nach:

Eine Hypothese vorgeben, den Stichprobenumfang, eine obere Schranke für die Wahrscheinlichkeit eines falschen "Schlusses" und den Annahmebereich festsetzen.

In unserem Fall gibt es für die Wahl der zu testenden Hypothese die beiden Möglichkeiten $H_o : p \leq 0,1$ oder $\overline{H_o} : p \geq 0,5$

Aufgabe:

Muß man beim Testen der Behauptung $p \geq 0,5$ vernünftigerweise das Risiko 1. oder das 2. Art möglichst niedrig halten

a) in bezug auf die Hypothese H_o,

b) in bezug auf die Hypothese $\overline{H_o}$?

Hier haben wir es also wieder mit einem Alternativtest zu tun!

Es sind jeweils zwei Fehler möglich:
beim Testen von H_o: | beim Testen von $\overline{H_o}$:

1. Art: H_o ist wahr, wird aber dennoch verworfen,
2. Art: H_o ist falsch, wird aber dennoch angenommen.

1. Art: $\overline{H_o}$ ist wahr, wird aber dennoch verworfen.
2. Art: $\overline{H_o}$ ist falsch, wird aber dennoch angenommen.

Diese Erkenntnis spielt bei der folgenden Aufgabe eine entscheidende Rolle!

Es ist wichtig, daß Sie sich diese Aufgabe gründlich durchdenken!

78

> Lösung:
>
> a) Das Risiko 1. Art soll klein sein.
>
> b) Das Risiko 2. Art soll klein sein.
>
> Erklärung dazu - falls nötig - auf Seite 79!

Es gibt also zum Testen der Behauptung $p \geq 0,5$ zwei Möglichkeiten:

1.	2.
Man legt der zu testenden Behauptung genau die Gegenthese als zu testende Hypothese (in unserem Fall H_0) zugrunde und sorgt dafür, daß das Risiko 1. Art bezüglich H_0 hinreichend klein bleibt.	Man geht von der zu testenden Behauptung aus, nimmt **sie** als zu testende Hypothese an an (in unserem Fall $\overline{H_0}$) und sorgt dafür, daß das Risiko 2. Art bezüglich $\overline{H_0}$ hinreichend klein bleibt.

Das Vorgehen ist in beiden Fällen äquivalent. Und in beiden Fällen hat man einmal zur Verneinung überzugehen:

1.	2.
von der Behauptung zur Gegenthese.	bei der Betrachtung von $\overline{H_0}$ durch die Berechnung des Risikos 2. Art, also der Wahrscheinlichkeit, daß $\overline{H_0}$ **nicht** zutrifft, aber dennoch angenommen wird.

Zwischen beiden Betrachtungsweisen besteht somit kein wesentlicher Unterschied. In der statistischen Praxis wird meist das unter 1. beschriebene Verfahren bevorzugt, zum Teil auch aus historischen Gründen.
Im vorliegenden Lehrprogramm werden wir uns ihm auch anschließen.

Aufgabe:

Ein Spieler würfelt 100mal und erzielt 25mal eine 6; er behauptet nun, für den Würfel sei die Trefferwahrscheinlichkeit p für eine 6 größer als $\frac{1}{6}$.

Für welche Hypothese muß dann das Risiko 1. Art hinreichend klein gehalten werden?

Erklärung zur Aufgabe a:

Die Behauptung $p \geq 0,5$ kann nicht bewiesen werden, sie soll aber wenigstens vertretbar sein. Die Wahrscheinlichkeit einer irrtümlichen Annahme der Behauptung soll möglichst klein gehalten werden. Die irrtümliche Annahme der Behauptung $\overline{H_o}$ ist mit der irrtümlichen Verwerfung von H_o gleichbedeutend. Die Wahrscheinlichkeit dafür, daß H_o wahr ist, aber dennoch verworfen wird, ist das Risiko 1. Art.

Erklärung zur Aufgabe b:

Die Behauptung $p \geq 0,5$ soll mit möglichst geringer Wahrscheinlichkeit akzeptiert werden, falls sie falsch ist. Demnach soll die Wahrscheinlichkeit dafür klein gehalten werden, daß $\overline{H_o} : p \geq 0,5$ angenommen wird, obwohl $\overline{H_o}$ falsch ist - das ist die Wahrscheinlichkeit für den Fehler 2. Art bezüglich $\overline{H_o}$, also das Risiko 2. Art.

In den bayerischen Abituraufgaben wird normalerweise explizit angegeben, welche Hypothese man für das Testen zugrundelegen soll.

Für die Hypothese $p > \frac{1}{6}$ oder für die Alternative $p \leq \frac{1}{6}$?

Lösung:

Das Risiko 1. Art soll dann hinreichend klein sein für die Hypothese, daß $p \leq \frac{1}{6}$.

Die Hypothese, die man für die Berechnung eines möglichst kleinen Risikos 1. Art zugrundelegt, bezeichnet man mit H_0. Für das Würfelbeispiel bedeutet das also:

Behauptung: $p > \frac{1}{6}$

Nullhypothese: $H_0 : p \leq \frac{1}{6}$

Der Stichprobenumfang ist $n = 100$. Das maximale Risiko 1. Art ist die Wahrscheinlichkeit, daß zwar $p = \frac{1}{6}$ gilt, daß aber die Sechserzahl so hoch ist, daß H_0 verworfen wird. Das wäre beim Annahmebereich $\{0, 1, \ldots, 24\}$ ungefähr 2 %:

$$P_{p=\frac{1}{6}}(Z > 24) = \sum_{i=25}^{100} B(100; \frac{1}{6}; i) = 1 - 0{,}97830 = 0{,}02170 \approx \underline{2\ \%}$$

Für den Fall, daß Sie noch ein Übungsbeispiel dazu wünschen:
(Die Lösung finden Sie dann auf Seite 82!)

Aufgabe:

Ein stolzer Gartenfreund zeigt auf seinen vollhängenden Pflaumenbaum und behauptet: "Höchstens 10% sind madig." Die Behauptung wird durch Pflücken von 50 Stück getestet.

a) Stellen Sie nach dem "Rezept" von Seite 81 die Nullhypothese auf.

b) Wählen Sie den Annahmebereich für H_0 so, daß das Risiko 1. Art höchstens 12 % ist.

c) Muß man H_0 verwerfen, wenn nur zwei der 50 Pflaumen madig sind?

Denn das bedeutet dann: Die Wahrscheinlichkeit dafür, daß der Würfel die 6 nicht bevorzugt und der Spieler es trotzdem unterstellt, ist klein.

Z u s a m m e n f a s s u n g :

1. Es wird eine Behauptung über die Trefferwahrscheinlichkeit p aufgestellt. Sie soll getestet werden.

2. Die Alternative zu der aufgestellten Behauptung bezeichnet man als die Nullhypothese H_o.

3. Man gibt sich vor, wie groß das Risiko 1. Art höchstens sein darf, legt den Stichprobenumfang n fest und berechnet den Annahmebereich für H_o.

   Man wählt den Annahmebereich möglichst klein; damit wird auch das Risiko 2. Art möglichst niedrig gehalten.

4. Muß aufgrund des Testergebnisses H_o verworfen werden, kann man seine Behauptung aufrecht erhalten - die in Kauf genommene Wahrscheinlichkeit für einen Irrtum ist einem klein genug.

Anmerkung:

Das Vorgehen erinnert an das bei einem indirekten Beweis. Auch dort geht man von der Alternative zur Behauptung aus, und man versucht sie zu widerlegen. (Und auch diese Analogie spricht für das auf Seite 78 unter "1." beschriebene Vorgehen!)

⟶ Seite 83

Lösung für die Pflaumenaufgabe von Seite 80:

Der Stichprobenumfang ist n = 50. Die Behauptung lautet: $p \leq 0,1$, wobei p die Wahrscheinlichkeit bedeutet, daß eine einzelne Pflaume madig ist.

a) Nullhypothese H_o: $p > 0,1$

b) A = {c, c + 1, ..., 50}

Das Risiko 1. Art ist $P_{p>0,1}$ (Z < c)

Es ist umso größer, je näher p bei 0,1 liegt; sein Supremum ist $P_{p=0,1}$ (Z < c). Es soll höchstens 12 % betragen, d.h.: Das Ereignis, daß die Pflaumen "schlechter" sind und man das trotzdem nicht merkt, soll höchstens die Wahrscheinlichkeit 0,12 haben.

$$P_{p=0,1} (Z < c) = \sum_{i=0}^{c-1} B(50; 0,1; i) \leq 0,12$$

$c - 1 \leq 2$

$c \leq 3 \Longrightarrow c_{max} = 3$

Annahmebereich A = {3, 4, ..., 50}

c) H_o wird verworfen, da nur 2 Pflaumen madig sind.
Der Gartenfreund darf sich also weiterhin stolz auf die Brust klopfen.

Noch ein kritisches Wort zur Ausdrucksweise, zur Terminologie:

Im Würfelbeispiel auf Seite 78/80 lag es so, daß 25mal eine 6 vorkam, deshalb $H_o: p \leq \frac{1}{6}$ verworfen wurde und die Behauptung zu akzeptieren war. "Bewiesen" ist sie damit natürlich nicht.
Hätte sich nur 24 mal eine 6 ergeben, wäre $H_o : p \leq \frac{1}{6}$ angenommen worden - obwohl es sich um einen Falschwürfel handeln könnte.
Man akzeptiert dann also die Nullhypothese, ohne von ihrem Zutreffen überzeugt sein zu können. Um das auch im folgenden nicht aus dem Auge zu verlieren, soll im weiteren Verlauf nicht mehr davon die Rede sein, daß die Nullhypothese **angenommen** wird, sondern statt dessen nur, daß sie (auf Grund des Stichprobenergebnisses) nicht abgelehnt werden kann.

In der statistischen Literatur sagt man daher gern statt "Annahmebereich" häufig "Nicht-Ablehnungsbereich". Die statistische **Praxis** ist da großzügiger; ihre Aussagen sollen ja auch für Laien verständlich sein.

IV. Teil. Weitere Beispiele und das Signifikanzniveau

Groß ist das öffentliche Interesse beim Testen eines neuen Arzneimittels. Einerseits soll der Fortschritt der Medizin nicht aufgehalten werden, andererseits natürlich schon gar nicht eine Arznei eingeführt werden, die eher eine Verschlechterung als eine Verbesserung bewirkt. Werden wir konkreter:
Bei Anwendung der bisher üblichen Arznei war die Chance der Heilung einer bestimmten Erkrankung 80 %. Ein Team von Wissenschaftlern behauptet, die Arznei "Nova" bewirke eine deutliche Erhöhung der Heilungschance.

Aufgabe:

Stellen Sie die Nullhypothese auf.

Als Trefferwahrscheinlichkeit p wird man die Wahrscheinlichkeit betrachten, mit der der einzelne Patient geheilt wird.

Nach der Zusammenfassung auf Seite 81 sollen Sie H_o so wählen, daß es dem Team auf ein möglichst kleines Risiko 1. Art ankommen muß.

86 Lösung:

$H_o : p \leq 0,8$

Ein Aufgabenangebot, <u>falls</u> Sie mit der integralen Laplace-Näherung vertraut sind (sonst ~~gleich~~ ➔ Seite 92):

"Nova" wird getestet bei Personen, die an der nämlichen Krankheit leiden:

Aufgabe:

Bei Anwendung der bisher eingeführten Arznei war die Heilungschance 80 %; Nova verspricht eine deutliche Erhöhung dieser Chance.

Es können 150 Fälle untersucht werden. Das Risiko 1. Art soll höchstens 2 % betragen. Ermitteln Sie die nötige Entscheidungsregel.

Ist man dann auf ein kleines Risiko 1. Art bedacht, heißt das: Die Wahrscheinlichkeit, daß zwar p ≦ 0,8 gilt und man vertrauensselig p trotzdem für größer als 0,8 einschätzt, wird klein gehalten, mit anderen Worten:
Es soll tunlichst vermieden werden, daß man zu einem Mittel übergeht, das (evtl. gar) schlechter sein könnte als das bisherige.

Auf der nächsten Seite folgen zunächst nur der allgemeine Ansatz für die Entscheidungsregel sowie die Berechnung von μ und σ!

88 Teillösung:

$H_0 : p \leqq 0,8$

Entscheidungsregel der Art:

$z \leqq c \longmapsto H_0$ kann nicht abgelehnt werden,

also: $z \in \{0, \ldots, c\} \longmapsto H_0$ nicht ablehnen.

Das maximale Risiko 1. Art ist dann $P_{0,8}(Z > c)$.

$\mu = 0,8 \cdot 150 = 120$, $\sigma = \sqrt{150 \cdot 0,8 \cdot 0,2} = \sqrt{24} \approx 4,90$

Durch Umrechnung auf die integrale Laplace-Näherung und Verwendung der Tabelle können Sie c so bestimmen, daß

1. $P_{0,8}(Z > c) \leqq 0,02$

und 2. c so klein wie möglich gewählt wird. (Dann ist nämlich der Annahmebereich wieder so klein wie möglich. Ein großer Annahmebereich ist uninteressant: Wenn man ihn beispielsweise gar gleich $\{0,1, \ldots, 149, 150\}$ wählen würde, würde für jedes Testergebnis H_0 akzeptiert; das maximale Risiko 1. Art wäre dann null und das Risiko 2. Art für jedes $p > 0,8$ gleich 1!)

$P_{0,8}$ (Z > c) ist lediglich eine abkürzende Schreibweise für $P_{p=0,8}$ (Z > c).

Die Anwendung der integralen Näherung ist erlaubt, da für p: = 0,8 folgt: $np(1-p) = \sigma^2 = 24 > 9$.

Wenn Sie zur Verdeutlichung noch ein Beispiel wünschen: Würde man den Annahmebereich gleich {0,1, ..., 148} wählen, wäre das maximale Risiko 1. Art gleich

$$P_{p=0,8} (Z > 148) = \sum_{i=149}^{150} B(150; 0,8; i) =$$

$$= \binom{150}{149} \cdot 0,8^{149} \cdot 0,2^1 + \binom{150}{150} \cdot 0,8^{150} \cdot 0,2^0 =$$

$$= 150 \cdot 0,8^{149} \cdot 0,2 + 0,8^{150} \approx 1,12 \cdot 10^{-13} \approx 0$$

und das Risiko 2. Art für p = 0,9:

$$P_{p=0,9} (Z \leq 148) = 1 - P_{p=0,9} (Z > 148) =$$

$$= 1 - \binom{150}{149} \cdot 0,9^{149} \cdot 0,1 - \binom{150}{150} \cdot 0,9^{150} =$$

$$= 1 - 150 \cdot 0,9^{149} \cdot 0,1 - 0,9^{150} \approx 0,999988 \approx 1$$

Gesamtlösung der Aufgabe auf Seite 86:

$H_o : p \leqq 0,8$

Entscheidungsregel der Art: $Z \leqq c \longmapsto H_o$ kann nicht abgelehnt werden.
Das maximale Risiko 1. Art ist $P_{0,8}(Z > c)$

$\mu = 120, \sigma = 4,90$

$$P_{p=0,8}(Z > c) \approx 1 - \Phi\left(\frac{c + 0,5 - 120}{4,90}\right) = 1 - \Phi\left(\frac{c - 119,5}{4,90}\right)$$

$$1 - \Phi\left(\frac{c - 119,5}{4,90}\right) \leqq 0,02$$

$$\Phi\left(\frac{c - 119,5}{4,90}\right) \geqq 0,98$$

$$\frac{c - 119,5}{4,90} \geqq 2,06$$

$$c - 119,5 \geqq 10,09 \Longrightarrow \underline{c_{min} = 130}$$

Entscheidungsregel:

$Z \leqq 130 \longmapsto H_o$ kann nicht abgelehnt werden.

Wenn also nur höchstens 130 Personen geheilt werden sollten, wird man demnach nicht auf Nova übergehen.

Sie können nun auf Seite 96 weiterarbeiten. Falls Sie sich zusätzlich Übung verschaffen wollen, bietet Ihnen die folgende Seite dazu eine Aufgabe an, die der eben gelösten sehr ähnlich ist. Dort wird lediglich auf die Anwendung der Laplaceschen Näherungsformel verzichtet.

$$\mu = 0{,}8 \cdot 150 = 120$$
$$\sigma = \sqrt{150 \cdot 0{,}8 \cdot (1 - 0{,}8)} = \sqrt{150 \cdot 0{,}8 \cdot 0{,}2} = \sqrt{24} \approx 4{,}90$$

"H_O kann nicht abgelehnt werden" bedeutet: Man muß es für zu wahrscheinlich halten, daß $H_O : p \leqq 0{,}8$ zutrifft, daß also "Nova" nicht besser ist als die bisher verwendeten Medikamente. Man wird demnach "Nova" nicht einführen.
Es sei nochmals festgestellt, daß damit natürlich kein **Nachweis** mangelnder Erfolgsaussichten für Nova erbracht wird!

Auf dieser Seite wird "Nova" getestet, ohne daß die Kenntnis der Laplaceschen integralen Näherungsformel vorausgesetzt wird.
Es soll untersucht werden, ob man nach der Erkrankung eine höhere Heilungschance durch Verabreichung von Nova erzielen kann, als sie bisher beobachtet wurde:

Aufgabe:

Bisher war die Heilungschance 80 %; für Nova wird eine Erhöhung dieser Chance behauptet.
Es können 50 Fälle zur Untersuchung herangezogen werden. Bestimmen Sie die Entscheidungsregel, nach der das Risiko 1. Art höchstens 2 % beträgt.

Es wird behauptet, die Heilungswahrscheinlichkeit wäre bei Anwendung von "Nova" größer als 80 %. Wir fassen diese Erfolgswahrscheinlichkeit im Einzelfall als Trefferwahrscheinlichkeit p auf; die Behauptung lautet dann: p > 0,8.

Hilfe (die Sie auch ablehnen dürfen!)

$H_o : p \leqq 0,8$

Der Stichprobenumfang n ist 50. Der Annahmebereich muß vernünftigerweise von der Form $\{0,1, \ldots, c\}$ sein. Das Risiko 1. Art ist die Wahrscheinlichkeit dafür, daß H_o wahr ist, aber dennoch verworfen wird.

Lösung:

$H_0 : p \leq 0,8$

Die Entscheidungsregel muß dann folgender Art sein:
$Z \leq c \longmapsto H_0$ kann nicht abgelehnt werden.

Das maximale Risiko 1. Art ist $P_{0,8}(Z > c)$

$$P_{0,8}(Z > c) = \sum_{i=c+1}^{50} B(50; 0,8; i)$$

$$\sum_{i=c+1}^{50} B(50; 0,8; i) \leq 0,02$$

$$1 - \sum_{i=0}^{c} B(50; 0,8; i) \leq 0,02$$

$$\sum_{i=0}^{c} B(50; 0,8; i) \geq 0,98 \implies \underline{c_{min} = 45}$$

Entscheidungsregel:

$Z \leq 45 \longmapsto H_0$ kann nicht abgelehnt werden, d.h.: Nova nicht einführen.

Erst wenn mehr als 45 Personen geheilt werden, wird man demnach auf "Nova" übergehen. Das heißt nicht, daß dann Nova bestimmt besser ist - auch nicht, daß es mit einer bestimmten Wahrscheinlichkeit besser ist.

⟶ Seite 96

$P_{0,8}(Z > c)$ ist dabei lediglich eine abkürzende Schreibweise für $P_{p=0,8}(Z > c)$.

Falls Sie - entgegen der Vorstellung des Programms - doch mit der Laplaceschen Näherungsformel gearbeitet haben, könnten Sie auf c = 46 gekommen sein!

Das so konstruierte Testverfahren garantiert nur folgendes: Die Gefahr, Nova einzuführen, wenn es nicht besser ist als die bisher übliche Arznei, liegt mit einer Wahrscheinlichkeit von höchstens 2 % vor.

Zusammenfassung

Wir bemühen wieder unser Urnenbeispiel:

1. Behauptung: Der Anteil der schwarzen Kugeln ist kleiner als 30 %

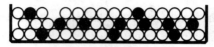

Beh.: p < 0,3

2. $H_o : p \geq 0,3$

3. Man gibt einen Wert α vor, den das Risiko 1. Art nicht übertreffen soll.
   Der Annahmebereich A für H_o wird gleich $\{c, c + 1, ..., n\}$ gesetzt.
   Man berechnet das maximale c, für das

   $P_{p=0,3} (Z < c) \leq \alpha$ gilt,

   wobei Z: = 'Zahl der schwarzen Kugeln in der Stichprobe'.

   Entscheidungsregel:
   $z \in A \longmapsto H_o$ kann nicht abgelehnt werden

4. Wenn $z \notin A$, kann die Behauptung p < 0,3 aufrecht erhalten werden - das maximale Risiko 1. Art von H_o: $p \geq 0,3$ ist dann höchstens α.

Es wäre unter Umständen zweckmäßig, diese Zusammenstellung mit der auf Seite 81 zu vergleichen.

Dabei bedeutet p die Wahrscheinlichkeit dafür, daß im Einzelversuch beim Ziehen mit Zurücklegen die Kugel schwarz ist.

Demonstration der Zusammenfassung an einem einfachen Zahlenbeispiel:

$H_o : p \geq 0,30$
Umfang der Stichprobe: n = 50
Ansatz für die Entscheidungsregel:

$z \in A = \{c, c + 1, \ldots n\} \longmapsto H_o$ kann nicht abgelehnt werden. Das Risiko 1. Art - also die Wahrscheinlichkeit, daß H_o zutrifft, aber verworfen wird - soll höchstens α = 5 % sein, also:

$$P_{p=0,3} (Z < c) \leq 5 \% \Longleftrightarrow \sum_{i=0}^{c-1} B (50; 0,3; i) \leq 0,05$$

Aus der Tabelle liest man ab, daß für c gilt:

$c - 1 \leq 9 \Longleftrightarrow c \leq 10$, daher: A = {10, 11, ..., 50}

Entscheidungsregel:

$z \geq 10 \longmapsto H_o$ kann nicht abgelehnt werden.

Das tatsächliche Risiko 1. Art ist dann von p abhängig (mit $p \geq 0,3$) und beträgt

$$\sum_{i=1}^{9} B (50; p; i).$$

Maximal nimmt es für p = 0,3 den Wert 0,04023 an.

Hier werden Ihnen ein paar übliche Bezeichnungen vorgestellt:

- Die bisher behandelten Tests nennt man **einseitige Tests**: Bei ihnen bildet der Annahmebereich entweder ein linkes oder ein rechtes Ende der Wertemenge $\{0,1, ..., n\}$ von der Zufallsgröße Z.

- Bei den behandelten Beispielen lag es oft so, daß wir uns bezüglich des Risikos einen Maximalwert vorgaben. Genauer handelt es sich dabei um eine obere Schranke. In der Zusammenfassung auf Seite 96 war das der Wert α.

  Die beim Hypothesentesten für das Risiko 1. Art vorgegebene obere Schranke wird als **Signifikanzniveau** des Tests bezeichnet.*)

- Für Signifikanzniveau ist auch die Bezeichnung **Irrtumswahrscheinlichkeit** gebräuchlich.

Auf den nächsten Seiten folgen zwei Übungsaufgaben; bei ihnen werden auch die eben erwähnten Bezeichnungen verwendet. Sie bringen aber nichts Neues. Wenn Sie auf dieses zusätzliche Training verzichten wollen, springen Sie bitte von Seite 99 auf Seite 106.

*) significare (lat.): bezeichnen.

Beispiel einer Hypothese für einen einseitigen Test:

$H_1 : p \geq 0{,}3$

Beispiel einer Hypothese für einen zweiseitigen Test:
$H_2 : p = 0{,}5$ - Der Annahmebereich könnte dann für n = 20 etwa
$A = \{9, 10, 11\}$ sein.

Es ist auch üblich, die betreffende Hypothese als **Menge** der Trefferwahrscheinlichkeiten aufzufassen, also:

$H_1 = \{p | p \geq 0{,}3\}$ und $H_2 = \{0{,}5\}$

Beispiel dafür, daß die Begriffe des maximalen Risikos 1. Art und des Signifikanzniveaus nicht identisch sind, wenn auch ihre Werte freilich nicht immer voneinander verschieden zu sein brauchen:

Im Demonstrationsbeispiel auf Seite 97 ist das Signifikanzniveau 5 % und das maximale Risiko 1. Art gleich

$$\sum_{i=0}^{9} B(50; 0{,}3; i) = 0{,}04023 \approx 4\,\%$$

Und noch einmal zur Erinnerung: Es braucht gar nicht immer ein Maximum für das Risiko 1. Art zu geben. So wäre es etwa bei der Hypothese $H_o : p > 0{,}3$. Dort könnte man nur vom Supremum des Risikos 1. Art sprechen! (Supremum bedeutet die kleinste obere Schranke.)

Übungsaufgabe 1

Da wird wieder einmal ein neues Wunderelexier gegen Haarausfall angeboten. Die Einkäufer eines Kaufrings sind davon angetan, daß in der Werbung nicht von einem 100 %ig sicheren Erfolg die Rede ist, sondern "nur" von sicherem Erfolg in mehr als 60 % der mit dem Wundermittel behandelten "fast kahlköpfigen Männer von höchstens 60 Jahren".
Das neue Haarwasser soll getestet werden - und zwar an 20 Männern.
Der Stichprobenumfang ist somit 20.
Bezeichnen wir mit p die Wahrscheinlichkeit dafür, daß die Behandlung im Einzelfall zum Erfolg führt, ist also die Behauptung $p > 0,6$.
Als Nullhypothese wird $H_o : p \leq 0,6$ zugrundegelegt, es handelt sich somit um eine zusammengesetzte Hypothese.
Für den Annahmebereich $A = \{0,1, ..., c\}$ soll c bestimmt werden.
Das Signifikanzniveau wird mit 10 % vorgegeben.

Aufgabe:

a) Erhält man für c = 16 eine mögliche Lösung der gestellten Aufgabe?

b) Welchen Nachteil nimmt man mit der Lösung $A = \{0,1, ..., 16\}$ in Kauf?

c) Ermitteln Sie den minimalen Annahmebereich.

d) Wie groß ist für die nach c) getroffene Wahl von A das tatsächliche maximale Risiko 1. Art?

Faßt man H_o als Menge auf, ist $H_o = \{p|p \leqq 0,6\}$. Das ist eine mehrelementige Menge. Nach der Definition auf Seite 58 ist somit H_o eine zusammengesetzte Hypothese.
Es handelt sich um einen einseitigen Test. Man **könnte** als Annahmebereich - unsinnigerweise - auch $\{1, 2, ..., c\}$ vorsehen. Dann wäre der Test zweiseitig.
Für Signifikanzniveau könnte auch "Irrtumswahrscheinlichkeit" stehen.

<u>Zu c:</u>

Man wählt den Annahmebereich vernünftigerweise immer minimal, um das Risiko 2. Art nicht unnötig groß zu machen.

Lösung der Übungsaufgabe 1

a) Für $A = \{0,1, \ldots, 16\}$ ist das maximale Risiko 1. Art

$$P_{p=0,6}(Z > 16) = \sum_{i=17}^{20} B(20; 0,6; i) = 1 - \sum_{i=0}^{16} B(20; 0,6; i) =$$

$$= 1 - 0{,}98404 \approx 2\ \%$$

Das ist weniger als die mit 10 % für das Risiko 1. Art vorgegebene Schranke; die Frage ist also zu bejahen.

b) Mit dem eventuell unnötig großen Annahmebereich wird das Risiko 2. Art erhöht. Es steigt damit die Wahrscheinlichkeit, daß etwa auch noch bei $p = 0{,}7$ die Hypothese $p \leq 0{,}6$ angenommen wird.

c) Für $A = \{0,1, \ldots, c\}$ ergibt sich für das maximale Risiko 1. Art

$$P_{p=0,6}(Z > c) = \sum_{i=c+1}^{20} B(20; 0,6; i) = 1 - \sum_{i=0}^{c} B(20; 0,6; i),$$

somit als Ansatz:

$$1 - \sum_{i=0}^{c} B(20; 0,6; i) \leq 10\ \%$$

$$\sum_{i=0}^{c} B(20; 0,6; i) \geq 0{,}90 \Longrightarrow c_{min} = 15;\ A = \{0,1; \ldots; 15\}$$

d) $P_{p=0,6}(Z > 15) = 1 - \sum_{i=0}^{15} B(20; 0,6; i) = 1 - 0{,}94905 = 0{,}05095 \approx 5\ \%$

2. Übungsaufgabe:

Ein Autofahrer behauptet, zu gewissen Vormittagsstunden wochentags in höchstens 30 % der Fälle auf einem Großparkplatz am Rand der Innenstadt unterzukommen.
Diese Behauptung soll durch 15malige Beobachtung des Mannes mit einer Irrtumswahrscheinlichkeit von 5 % getestet werden.
Stellen Sie die Entscheidungsregel auf.

Zu a: Gestaltet man also das Testverfahren so, daß man bei mindestens 17 Männern unter den 20 aus der Stichprobe einen Erfolg des Haarwassers erwartet, wenn die Nullhypothese $H_o : p \leq 0,60$ verworfen werden soll, dann beträgt die Wahrscheinlichkeit nur rund 2 % dafür, daß das Wässerchen nicht viel taugt, aber trotzdem für "besser" gehalten wird - schlimmstenfalls.

Zu b: Wenn das Haarwasser in immerhin beachtlichen 70 % zum Erfolg führt, wird dennoch mit folgender Wahrscheinlichkeit $H_o : p \leq 0,6$ angenommen:

$$P_{p=0,7} (Z \leq 16) = \sum_{i=0}^{16} B(20; 0,7; i) = 0,89291 \approx 89 \%$$

Ein Fortschritt in der Haarkultur würde dann mit 89 %iger Wahrscheinlichkeit blockiert!

Zu d: Das maximale Risiko 1. Art tritt auf im Fall $p = 0,6$. Für diese Trefferwahrscheinlichkeit ist H_o gerade noch erfüllt. Für kleinere p-Werte ist es unwahrscheinlicher, daß die Zahl der mit Erfolg behandelten Männer über 15 liegt.

Irrtumswahrscheinlichkeit = Signifikanzniveau!

Lösung der Übungsaufgabe 2

Behauptung: $p \leq 0{,}3$,
wobei p die Trefferwahrscheinlichkeit für das Finden eines Parkplatzes ist.

$H_o : p > 0{,}3;\quad n = 15$

Ansatz für den Annahmebereich: $A = \{c, \ldots, 15\}$

Das Risiko 1. Art erhält man für jedes $p > 0{,}3$

in der Form $P_p(Z < c) = \sum_{i=0}^{c-1} B(15; p; i)$, wobei

Z = 'Zahl der Treffer bei der Parkplatzsuche'.

$P_p(Z < c)$ hängt von p ab und hat - für $p > 0{,}3$! - kein Maximum.
Das Supremum ergibt sich, indem man p durch 0,3 ersetzt:

$$P_{0,3}(Z < c) = \sum_{i=0}^{c-1} B(15; 0{,}3; i)$$

Mit $\alpha = 5\ \%$ verlangen wir:

$$\sum_{i=0}^{c-1} B(15; 0{,}3; i) \leq 0{,}05 \iff (c-1)_{max} = 1 \iff c_{max} = 2$$

Entscheidungsregel:

$Z \geq 2 \longmapsto$ Die Nullhypothese kann nicht verworfen werden.

Die Behauptung des Autofahrers ist somit dann mit einer Irrtumswahrscheinlichkeit von 5 % abgesichert, falls er bei den 15 Versuchen höchstens ein einziges Mal einen Parkplatz findet.

H_o ist wieder eine zusammengesetzte Hypothese; sie wird durch einen einseitigen Test geprüft.

Beim Fehler 1. Art geht es darum, daß die zu testende Hypothese erfüllt ist, aber dennoch abgelehnt wird. H_o ist nur erfüllt für $p > 0,3$!

Das Supremum einer Zahlenmenge ist die kleinste obere Schranke dieser Menge. Die Zahlen

$$\sum_{i=0}^{c-1} B(15; p; i)$$

werden umso größer, je kleiner man p wählt, denn schließlich läßt ja eine kleinere Trefferwahrscheinlichkeit p die Wahrscheinlichkeit anwachsen, daß die Zahl der Treffer höchstens c-1, also kleiner als c, ist.

Das tatsächliche supremale Risiko 1. Art wird zu

$$P_{0,3}(Z < 2) = \sum_{i=0}^{1} B(15; 0,3; i) = 0,03527 \approx 4\%$$

Unter diesem Wert bleibt die Wahrscheinlichkeit dafür, daß zwar $H_o : p > 0,3$ gilt, aber doch nicht angenommen wird, daß also dem Mann geglaubt wird, obwohl seine Behauptung nicht stimmt.

V. Teil: Die Operationscharakteristik und zweiseitige Tests

Im Nova-Beispiel haben wir dafür gesorgt, daß für die Nullhypothese
$p \leq 0,8$ das Risiko 1. Art auf höchstens 2 % beschränkt wurde.
Man sagt dann, wenn der Test zu einer Ablehnung der Nullhypothese
führt:

|A| "Nova" hat sich auf dem Signifikanzniveau 2 % als besser als das eingeführte Mittel erwiesen.
Gleichwertig damit ist die Aussage

|B| Die Nullhypothese wurde mit einer Irrtumswahrscheinlichkeit von 2 % getestet und verworfen. Ebenfalls gleichwertig ist:

|C| "Nova" hat sich mit einer **Sicherheitswahrscheinlichkeit** von 98 % als besser erwiesen.

Aufgabe:

Von 50 befragten Radiohörern bevorzugen 30 das 1. Programm eines bestimmten Senders, 20 das 2. Programm. Es soll die Behauptung auf dem Signifikanzniveau 5 % getestet werden, das 1. Programm sei beliebter als das 2.
a) Stellen Sie die Entscheidungsregel auf.
b) Kann die Behauptung über die Beliebtheit des 1. Programms aufrecht erhalten werden?

Dafür gesorgt haben wir durch die Wahl des Annahmebereichs!

Allgemein definiert man:

> Sicherheitswahrscheinlichkeit β = 1 - Signifikanzniveau α

Vorsicht:

Die Formulierung unter C soll nur dasselbe besagen wie die unter A . Sie drückt nicht aus, daß wir etwa mit einer Wahrscheinlichkeit von 98 % garantieren können, daß Nova besser ist.

Bezeichnen Sie die Wahrscheinlichkeit, daß ein einzelner Radiohörer das 1. Programm bevorzugt, mit p, dann heißt die Behauptung: $p > 0,5$. Stellen Sie H_0 nach der Anleitung von Seite 96 auf und verfahren Sie sinngemäß weiter.

108 Lösung:

a) Beh.: p > 0,5
H_o : p ≦ 0,5, wobei p die Wahrscheinlichkeit dafür ist, daß ein einzelner Hörer das 1. Programm gegenüber dem 2. bevorzugt.
Der Stichprobenumfang ist 50.
Für den Annahmebereich A = {0,1, ..., c} ist zu fordern:

$$P_{p \leq 0,5} (Z > c) \leq 0,05$$

$$P_{p=0,5} (Z > c) = \sum_{i=c+1}^{50} B(50; 0,5; i) \leq 0,05$$

$$\sum_{i=0}^{c} B(50; 0,5; i) \geq 1 - 0,05 = 0,95 \Longrightarrow c_{min} = 31$$

Z ≦ 31 ⟼ H_o kann nicht abgelehnt werden, wobei Z = 'Anzahl der Befragten, die das 1. Programm bevorzugen'.

b) Wegen 30∈A kann die Nullhypothese p ≦ 0,5 nicht abgelehnt werden. Die aufgestellte Behauptung ist somit nicht mit 5 % signifikant.

Die Behauptung hätte sich auch nicht für Z = 31 aufrecht erhalten lassen, sondern erst bei 32 Hörern, die das 1. Programm bevorzugen.

Natürlich wird sich der Annahmebereich im allgemeinen vergrößern, wenn man das Signifikanzniveau herabsetzt.

Und selbstverständlich kommt es auch auf den kritischen Wert der Trefferwahrscheinlichkeit p an, der in der zu testenden Hypothese auftritt: Bleiben wir bei n = 50 und α = 5 %, legen aber statt der Hypothese p ≦ 0,5 die Hypothese p ≦ 0,3 zugrunde, wird A kleiner werden.

Aufgabe:

Ermitteln Sie den sich dann ergebenden Annahmebereich.

Es ist also A = {0,1, ..., 31} und 30 ε A.
Während man die Menge {0,1, ..., 29, 30, 31} als den Annahmebereich A für unsere Nullhypothese bezeichnet, heißt {32, 33, ..., 50} der Ablehnungsbereich $\overline{A}$ für die Nullhypothese.

Rechnet man die eben auf Seite 106/108 gelöste Aufgabe statt mit α = 5 % mit α = 1 %, ergibt sich aus

$$\sum_{i=c+1}^{50} B(50; 0{,}5; i) \leqq 0{,}01$$

als Annahmebereich A = {0,1, ..., 33}.

110 Lösung:

$$\sum_{i=c+1}^{50} B(50; 0{,}3; i) = 1 - \sum_{i=0}^{c} B(50; 0{,}3; i) \leqq 0{,}05,$$

also

$$\sum_{i=0}^{c} B(50; 0{,}3; i) \geqq 0{,}95 \Longrightarrow c_{min} = 20$$

A = {0,1, ..., 20}

Der eben gelösten Aufgabe lag die Hypothese H_o: $p \leqq 0{,}3$ zugrunde. Auf sie käme man beim Testen der Behauptung $p > 0{,}3$. Und dafür könnte sich die Senderleitung des 1. Programms interessieren, wenn es um den Beliebtheitsgrad gewisser Sendungen geht.

Die Senderleitung des 1. Programms macht sich auch Gedanken über die Höhe des Risikos 2. Art: Das ist bei der Nullhypothese H_o: $p \leqq 0{,}3$ die Wahrscheinlichkeit dafür, daß H_o angenommen wird, obwohl H_o nicht zutrifft. Es könnte ja - besonders im Hinblick auf den mit n = 50 etwas kleinen Stichprobenumfang - sein, daß p = 0,6 ist, aber trotzdem aufgrund des Stichprobenergebnisses nicht an die relative Beliebtheit der betreffenden Sendungen "geglaubt" wird.

Aufgabe:

Ermitteln Sie für das Testen von H_o : $p \leqq 0{,}3$ mit dem Annahmebereich A = {0,1, ..., 20} das Risiko 2. Art für

a) p = 0,4   b) p = 0,5   c) p = 0,6

Es könnte beispielsweise um die Frage gehen, ob es mehr als 30 % der Hörer sind, die Krimis wünschen.

Es könnte also sein, daß p = 0,6 ist und man die Hypothese $p \leq 0,3$ nicht verwirft, daß man also einen Fehler 2. Art begeht.

Das Risiko 2. Art ist die bedingte Wahrscheinlichkeit dafür, daß H_o angenommen wird, obwohl H_o falsch ist.

Lösung:

a) $P_{0,4}(Z \leq 20) = \sum_{i=0}^{20} B(50; 0,4; i) = 0,56103 \approx \underline{0,56}$

b) $P_{0,5}(Z \leq 20) = \sum_{i=0}^{20} B(50; 0,5; i) = 0,10132 \approx \underline{0,10}$

c) $P_{0,6}(Z \leq 20) = \sum_{i=0}^{20} B(50; 0,6; i) = 0,00336 \approx \underline{0,00}$

In der Lösung der Aufgabe von Seite 110 haben wir eine Funktion vorliegen, die den vorgegebenen p-Werten den Wert $P_p(A)$ zuordnet:

$p \longmapsto P_p(A)$

Dabei ist A der Annahmebereich A = {0,1, ..., 20} für die Hypothese $p \leq 0,3$. Die Funktionswerte geben für $p > 0,3$ das Risiko 2. Art an. Für $p \longrightarrow 1$ gehen die Werte dieser Funktion gegen 0.
Es spricht nichts dagegen, als Definitionsmenge D dieser Funktion statt des Intervalls [0,3; 1] sogar das Intervall [0; 1] zu nehmen, wenn sie natürlich auch nur für $p > 0,3$ das Risiko 2. Art angibt.

Aufgabe:

Skizzieren Sie den Graphen der Funktion $p \longmapsto P_p(A)$ für $p \in [0; 1]$.

Der Kürze halber wurde hier statt $P_{p=0,4}(Z \leq 20)$ geschrieben $P_{0,4}(Z \leq 20)$. Dabei handelt es sich um die bedingte Wahrscheinlichkeit $P(Z \leq 20 | p = 0,4)$.

Man sieht, wie sehr - bei festem Annahmebereich - die Höhe des Risikos 2. Art von der Trefferwahrscheinlichkeit p abhängt!

Die Funktionswerte hängen von p und vom Annahmebereich A ab.

Für eine größer werdende Trefferwahrscheinlichkeit p fällt ja das Risiko 2. Art: Die Wahrscheinlichkeit, daß die Trefferzahl z so klein ist, daß also $z \in A$, wird geringer und geht gegen 0.

Nützen Sie die oben berechneten drei Funktionswerte aus und berechnen Sie noch den Funktionswert für $p = 0,3$.
Außerdem: Funktionswerte für $p = 0$ und $p = 1$?

Lösung:

$$P_{0,3}(Z \leq 20) = \sum_{i=0}^{20} B(50; 0,3; i) = 0,95224 \approx \underline{0,95}$$

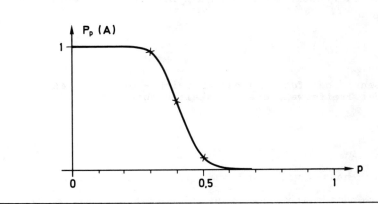

Für $p > 0,3$ kann man aus der erhaltenen graphischen Darstellung das Risiko 2. Art ablesen. Und auch für $p \leq 0,3$ kommt dem Graphen eine praktische Bedeutung zu: Man kann nämlich dort erkennen, wie groß das Risiko 1. Art ist. Beispielsweise ist doch das Risiko 1. Art für $p = 0,2$ gegeben durch

$$P_{p=0,2}(Z > 20) = P_{p=0,2}(\bar{A}) = 1 - P_{p=0,2}(A)$$

Man erhält damit das Risiko 1. Art jeweils, indem man die Differenz von dem gezeichneten Funktionswert gegen 1 bildet.

Da man an derartigen Kurven die für ein Testverfahren charakteristischen Werte ablesen und somit die Qualität des Tests beurteilen kann, nennt man die Funktion $p \longmapsto P_p(A)$ **Operationscharakteristik.**

Aufgabe:

Geben Sie für unsere Operationscharakteristik die Funktionswerte an für
a) $p = 0,45$,

b) $p = 0,55$

Für p = 0 ergibt sich

$$P_0 (Z \leqq 20) = \sum_{i=0}^{20} B(50; 0; i) = 1$$

wegen $B(50; 0; 0) = \binom{50}{0} \cdot 0^0 \cdot 1^{50} = 1$

und $B(50; 0; i) = 0$ für die übrigen i.
(B (50; 0; 0) bedeutet die Wahrscheinlichkeit, mit der Trefferwahrscheinlichkeit 0 in 50 Versuchen 0 Treffer zu erzielen!)

Für p = 1 ergibt sich

$$P_1 (Z \leqq 20) = \sum_{i=0}^{20} B(50; 1; i) = 0$$

wegen $B(50; 1; i) = \binom{50}{i} \cdot 1^i \cdot 0^{50-i} = 0$ für alle i bis 20.

(B (50; 1; i) bedeutet die Wahrscheinlichkeit, mit der Trefferwahrscheinlichkeit 1 in 50 Versuchen i Treffer zu erzielen!)

Am Kopf der Seite 114 steht: $P_{0,3} (Z \leqq 20) \approx 0,95$.
$1 - P_{0,3} (Z \leqq 20) \approx 0,05$ ist das maximale Risiko 1. Art, das sich in der Aufgabe Seite 108/110 durch die Bestimmung von c = 20, also des Annahmebereichs A = {0,1, ..., 20}, ergeben hat.

Diese leichte Aufgabe dient nur zum Eingewöhnen an den neuen Begriff!

Lösung:

a) $p = 0{,}45 \longmapsto P_{0{,}45} (Z \leqq 20) = \sum_{i=0}^{20} B(50; 0{,}45; i) = 0{,}28617 \approx \underline{0{,}29}$

b) $p = 0{,}55 \longmapsto P_{0{,}55} (Z \leqq 20) = \sum_{i=0}^{20} B(50; 0{,}55; i) = 0{,}02354 \approx \underline{0{,}02}$

Der Begriff der Operationscharakteristik wird hier noch weiter erklärt:

Definition:

Zum Testen einer Hypothese liege der Stichprobenumfang n und der Annahmebereich A fest.
Dann nennt man die für alle $p \in [0; 1]$ definierte Funktion

$$p \longmapsto P_p(A)$$

die **Operationscharakteristik** des Testverfahrens.

Für das lange Wort "Operationscharakteristik" ist die Abkürzung OC gebräuchlich.

Gelegenheit zur Unterbrechung: U

Dabei handelt es sich um die beim Testen der Hypothese $H_o : p \leqq 0,3$ für die Trefferwahrscheinlichkeiten 45 % und 55 % vorliegenden Risiken 2. Art.

Hinterher muß der Begriff natürlich noch an vielen Beispielen eingeübt werden!

In der Formelsammlung findet man eine allgemeinere Definition: Dort ist für A ein beliebiges Ereignis A zugelassen. Da man ja theoretisch jedes Ereignis A als Annahmebereich für einen Test nehmen könnte, ist der Unterschied nicht wesentlich.

118 Wenn man sich für ein Testverfahren entschlossen hat, liegen der Stichprobenumfang und der Annahmebereich A fest. Unter der Operationscharakteristik versteht man dann die Funktion f:

$p \longmapsto P_p(A)$ und $D_f = [0; 1]$

Aus ihrem Graphen kann man sowohl die Größe des Risikos 1. als auch die des Risikos 2. Art ablesen.

Für die nächsten Beispiele wählen wir n kleiner, damit werden die Zeichnungen einfacher.

Aufgabe:

Es soll die Hypothese $H_o : p \geq 0,7$ durch eine Stichprobe mit dem Umfang n = 10 getestet werden mit dem Annahmebereich A = {7, 8, 9, 10}.

a) Skizzieren Sie den Graphen der OC-Funktion f.

b) Zeichnen Sie das Risiko 2. Art ein, das sich für p = 0,6 ergibt.

Wenn es **nur** um das Zeichnen der OC-Kurve geht, braucht man die Nullhypothese gar nicht zu kennen. Die Funktionswerte hängen - außer von der jeweils zu betrachtenden Trefferwahrscheinlichkeit p - nur vom Stichprobenumfang n und vom Annahmebereich A ab.

H_o brauchte an sich nicht vorgegeben zu werden; nur wüßte man **dann** nicht, ob sich für p = 0,6 wirklich ein Risiko 2. Art ergibt.

Hinweis für Ihre Zeichnung:

f (0) = 0, denn für die Trefferwahrscheinlichkeit p = 0 ergibt sich für das Risiko 2. Art der Wert 0. Das ist ja die Wahrscheinlichkeit dafür, daß H_o nicht zutrifft und trotzdem angenommen wird.
Dafür müßten sich aber mindestens 7 Treffer ergeben.

120 Lösung:

p	0,2	0,4	0,5	0,6	0,7	0,8
f(p)	0,00	0,05	0,17	0,38	0,65	0,88

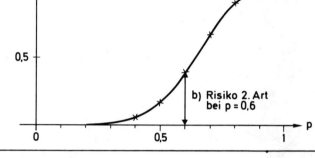

Die Funktionswerte f(p) geben in unserem Fall für p < 0,7 das Risiko 2. Art an.

Nach dem Risiko 1. Art kann man nur für p $\geq$ 0,7 fragen. Es bedeutet beispielsweise für p = 0,8:

$$P_{p=0,8}(Z < 7) = \sum_{i=0}^{6} B(10; 0,8; i) = 0,12087 \approx \underline{0,12}$$

Da $P_{p=0,8}(Z < 7) = 1 - P_{p=0,8}(Z \geq 7) = 1 - f(0,8)$ gilt,

kann man das Risiko 1. Art für p = 0,8 an der Zeichnung als Differenz bis zur Parallelen zur p-Achse in der Höhe 1 ablesen (vgl. Bild auf Seite 121!).
Wir haben bisher nur OC-Kurven für zusammengesetzte Hypothesen gezeichnet. Für die einfache Hypothese H_o : p = 0,2 mit der einfachen Alternative $\overline{H_o}$: p = 0,5 und dem Annahmebereich A = {0, 1, 2, 3, 4} beim Stichprobenumfang n = 15 bekommt man für die OC folgende Wertetabelle:

p	0,2	0,4	0,6	0,8
OC(p)	0,84	0,22	0,01	0,00

Aufgabe:

a) Prüfen Sie (mindestens) einen der in der Tabelle stehenden Werte nach.

b) Skizzieren Sie den Graphen der OC.

c) Zeichnen Sie das Risiko 1. Art bezüglich H_o ein.

d) Zeichnen Sie das Risiko 2. Art bezüglich H_o ein.

Man erhält beispielsweise f (0,5) so:

$$f(0,5) = P_{0,5}(Z \geq 7) = \sum_{i=0}^{10} B(10; 0,5; i) = 1 - \sum_{i=0}^{6} B(10; 0,5; i) =$$

$$= 1 - 0,82813 \approx 0,17$$

Hier folgt nochmals die OC-Kurve von Seite 120, wobei durch einige Strecken veranschaulicht sind:
a) das Risiko 2. Art für p = 0,4
b) das Risiko 1. Art für p = 0,8
c) das maximale Risiko 1. Art (das sich für p = 0,7 ergibt).

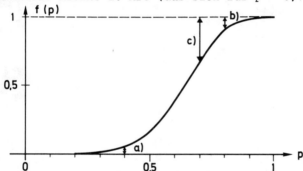

Hier treffen wir wieder einmal auf einen Alternativtest.

Operationscharakteristik: $p \longmapsto f(p) = P_p(Z \leq 4)$

$$f(0,2) = P_{p=0,2}(Z \leq 4) = \sum_{i=0}^{4} B(15; 0,2; i) = \sum_{i=0}^{4} B(15; 0,2; i) =$$

$$= 0,83577 \approx \underline{0,84}$$

Lösung: b)

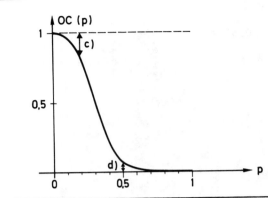

Wir haben bis jetzt nur einseitige Tests betrachtet; sie führt man durch, wenn man untersuchen will, ob die interessierende Wahrscheinlichkeit nach oben **oder** unten durch p_0 beschränkt ist.

Bei zweiseitigen Tests soll nach oben **und** unten zugleich abgeschätzt werden:

Aufgabe:

Es soll die Hypothese H_0 : $p = 0,4$ durch eine Stichprobe des Umfangs $n = 10$ getestet werden mit dem Annahmebereich $A = \{3, 4, 5\}$.
Für die Operationscharakteristik bekommt man folgende Wertetabelle:

p	0,2	0,4	0,6	0,8
OC (p)	0,32	0,67	0,35	0,03

a) Prüfen Sie (mindestens) einen der in der Tabelle stehenden Werte nach.

b) Skizzieren Sie die OC-Kurve.

c) Zeichnen Sie das Risiko 1. Art ein.

d) Zeichnen Sie das Risiko 2. Art ein, das sich für $p = 0,6$ ergibt.

Es kann eigentlich nicht überraschen, daß im Fall der alternativen einfachen Hypothesen selbst bei dem kleinen Stichprobenumfang n = 15 ein nicht gar so großes Risiko 1. Art und ein kleines Risiko 2. Art vorliegt. Die beiden Alternativen liegen eben voneinander getrennt und schmiegen sich nicht aneinander an.
Bei einseitigen Tests (vgl. Seite 98) ist der Annahmebereich von H_o vernünftigerweise entweder von der Art $\{0,1, \ldots, c\}$ oder von der Art $\{c, c + 1, \ldots, n\}$. Auf die erste Art kommt man bei Nullhypothesen der Form $p \leqq p_o$ oder auch $p = p_o$, falls die Alternative auf $p > p_o$ führt.

Hier ist die Alternativhypothese nicht angegeben. (Sie könnte sowohl etwa $p \neq 0,4$ als auch $p = 0,8$ oder auch $p = 0,2$ heißen!). Man spricht, wie bereits auf Seite 64 dargelegt, in einem solchen Fall von einem **Signifikanztest** - im Gegensatz zum Alternativtest.

Operationscharakteristik: $p \mapsto OC(p) = P_p (3 \leqq z \leqq 5)$

$$OC(0,2) = P_{p=0,2}(3 \leqq z \leqq 5) = \sum_{i=3}^{5} B(10; 0,2; i) =$$

$$= \sum_{i=0}^{5} B(10; 0,2; i) - \sum_{i=0}^{2} B(10; 0,2; i) = 0,99363 - 0,67780 \approx 0,32$$

124 Lösung:

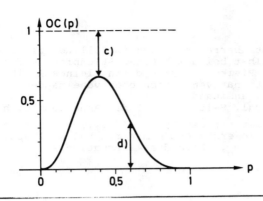

Wir halten noch einmal fest:
Die Operationscharakteristik hängt ab vom Stichprobenumfang n und vom Annahmebereich A. Sie ist folgendermaßen definiert:
$p \mapsto P_p(A), p \in [0; 1]$
Ist außerdem die Nullhypothese H_0 bekannt, so ist
- für die mit H_0 verträglichen p-Werte $1 - P_p(A)$ das Risiko 1. Art.
- für die mit der Alternative $\overline{H_0}$ verträglichen p-Werte $P_p(A)$ das Risiko 2. Art.

Gelegenheit zur Unterbrechung: U

Aufgabe:

Die Hypothese $H_0 : p = 0{,}7$ soll durch eine Stichprobe vom Umfang n = 10 mit dem Annahmebereich A = {7} getestet werden.

Es ergibt sich folgende Wertetabelle:

p	0,2	0,4	0,6	0,7	0,8
OC (p) = P_p (A)	0,00	0,04	0,21	0,27	0,20

a) Prüfen Sie (mindestens) für eine Trefferwahrscheinlichkeit nach.

b) Skizzieren Sie den Graphen der Operationscharakteristik $p \mapsto P_p(A)$.

"Skizzieren" bedeutet, daß Sie auf eine Wertetabelle verzichten können und nur ein qualitativ zutreffendes Bildchen zu zeichnen brauchen!

$$OC(p) = P_p(A) = \sum_{i=3}^{5} B(10; p; i)$$

Zur Vertiefung des Verständnisses veranschaulichen wir die Bedeutung der beiden Risikoarten am Histogramm der Wahrscheinlichkeitsverteilung:
Denken wir zunächst an das **Risiko 1.** Art im letzten Beispiel:
Für p = 0,4 und n = 10 ergibt sich folgendes Bild:

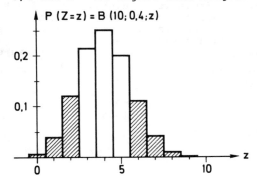

Das sich mit A = {3, 4, 5} ergebende Risiko 1. Art ist schraffiert.

Und für das Risiko 2. Art ergibt sich für den gleichen Annahmebereich A bei der Hypothese H_o: p = 0,4 für die Trefferwahrscheinlichkeit 0,6 folgendes Bild:

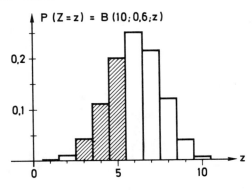

126 Lösung: b)

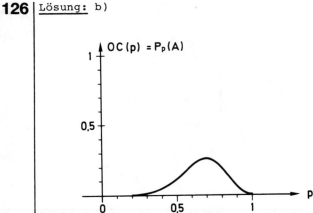

Das Testen der Hypothese H_o : $p = 0,7$ kann man verbessern, indem man den Annahmebereich erweitert; jedenfalls im Hinblick auf das Risiko 1. Art. Freilich geht das dann wieder auf Kosten des Risikos 2. Art. Um eine allgemeinere Verbesserung zu erzielen, müßten wir uns zu einem größeren Stichprobenumfang n entschließen.
Ein idealer Test für die Nullhypothese H_o : $p = 0,7$ sollte zu einer OC-Kurve führen, die ihr Maximum in der Höhe 1 hat und links und rechts davon sehr stark abfällt.

Aufgabe:

Skizzieren Sie den Idealfall einer OC-Kurve zum Testen der Hypothese H_o: $p = 0,7$.

Die Kurve der Operationscharakteristik weist hier ein sehr breit gezogenes Maximum auf, das niedrig liegt: OC (0,7) = 0,26683. Daß es niedrig liegt, bedeutet, daß das Risiko 2. Art klein bleibt. Sein Supremum ist ja OC (0,7). Es bedeutet aber auch, daß das Risiko 1. Art groß ist. Es ist ja gleich 1-OC (0,7).

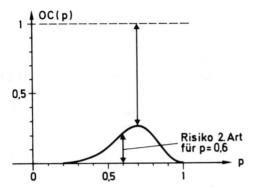

Für die Praxis bedeutet natürlich ein größeres n mehr Aufwand und damit auch mehr Kosten!

Denn dann wäre der OC-Wert für alle $p \neq 0,7$ möglichst klein (das bedeutet ein kleines Risiko 2. Art) und für p = 0,7 gleich 1 (das bedeutet: Risiko 1. Art gleich 0).

Wieder handelt es sich um einen zweiseitigen Test.

128 Zur Lösung: Ihre Skizze könnte so aussehen:

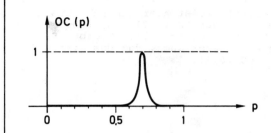

Da aber vom "Idealfall" die Rede war, müßten wir die OC-"Kurve" eigentlich so zeichnen:

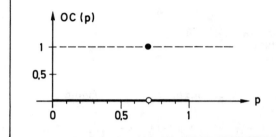

Für unser auf Seite 124/126 betrachtetes Beispiel war die OC-Kurve weit von diesem Idealfall entfernt. Wenn man eine bessere Annäherung erreichen will, muß man den Stichprobenumfang vergrößern:

Aufgabe:

Die Hypothese H_o : $p = 0,7$ soll durch eine Stichprobe vom Umfang $n = 100$ getestet werden. Der minimale Annahmebereich soll so ermittelt werden, daß das Risiko 1. Art höchstens 5 % beträgt. Schreiben Sie für diese Aufgabe bitte zunächst nur den Ansatz für den Annahmebereich A und die sich ergebende Ungleichung auf.

Die Funktion wäre also: $p \mapsto \begin{cases} 0 & \text{für } p \in [0; 0{,}7[\ \cup \ ]0{,}7; 1] \\ 1 & \text{für } p = 0{,}7 \end{cases}$

Wenn es sich um die zusammengesetzte Nullhypothese $H_o : p < 0{,}4$ handeln würde, wäre die OC-Kurve für den idealen Test so zu zeichnen:

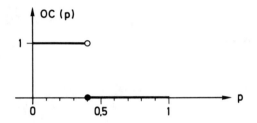

Für $p > 0{,}4$, also etwa $p = 0{,}5$, wäre demnach - das hier ja aufgetragene - Risiko 2. Art gleich 0, d.h.:
Wenn die Trefferwahrscheinlichkeit 50 % beträgt, wird mit der Wahrscheinlichkeit 0 angenommen, daß $p < 0{,}4$ ist.

Hinweis:

A soll sicher 70 enthalten und weitere Zahlen, die kleiner, und weitere, die größer sind!

Ansatz:

$$A = \{c_1; \ldots; 69; 70; 71; \ldots; c_2\}$$

$$P_{0,7}(\overline{A}) \leqq 5\,\%$$

$$\sum_{i=0}^{c_1-1} B(100;\ 0,7;\ i) + \sum_{i=c_2+1}^{100} B(100;\ 0,7;\ i) \leqq 5\,\%$$

Eine Ungleichung mit den zwei Variablen c_1 und c_2!

Die Aufgabe hat streng genommen sehr viele Lösungen: Da es der Aufgabenstellung nach nur darauf ankommt, daß wir überhaupt eine Lösung finden, genügt es dafür zu sorgen, daß die beiden einzelnen Summanden 2,5 % nicht übertreffen. Das ist nicht zwingend, aber weitgehend üblich. Wir werden uns in derartigen Fällen ausnahmslos so verhalten.

Aufgabe:

Bestimmen Sie nun den Annahmebereich A.

Skizze für die Wahrscheinlichkeitsverteilung (nicht zu verwechseln mit OC!):

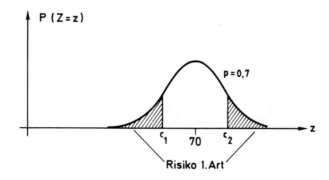

Gemeint sind hier die beiden auf Seite 130 stehenden Summanden, die zusammen höchstens 5 % ergeben sollen.

Man darf vermuten, daß c_1 und c_2 symmetrisch bezüglich 70 liegen; dadurch bekäme man dann eine Ungleichung mit einer einzigen Variablen:

$$2 \cdot \sum_{i=0}^{c-1} B(100; 0,7; i) \leqq 5 \text{ \%}$$

Fortsetzung der Lösung zur Aufgabe 128:

Wir teilen die 5 % auf in 2,5 % + 2,5 %:

1. $\sum_{i=0}^{c_1-1} B(100; 0,7; i) \leq 0,025 \Longrightarrow c_{1\,max} - 1 = 60 \Longrightarrow \underline{c_{1\,max} = 61}$

2. $\sum_{i=c_2+1}^{100} B(100; 0,7; i) \leq 0,025$

   $\Longleftrightarrow \sum_{i=0}^{c_2} B(100; 0,7; i) \geq 0,975 \Longrightarrow \underline{c_{2\,min} = 79}$

A = $\underline{\{61, 62, ..., 78, 79\}}$

Die zuständige OC-Kurve finden Sie auf Seite 133.

Aufgabe:

a) Berechnen Sie das Risiko 1. Art.

b) Berechnen Sie das Risiko 2. Art für $p = 0,8$.

c_1 wurde maximal gewählt, damit A möglichst klein wird und somit das Risiko 2. Art nicht unnötig groß.

c_2 war minimal zu wählen, damit A möglichst klein wird, vgl. oben! Tatsächlich liegt A symmetrisch bezüglich 70!

Die OC-Kurve zu H_o: $p = 0,7$ und $A = \{61, \ldots, 79\}$:

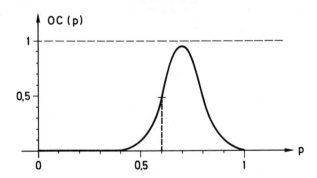

Dabei gilt beispielsweise

$p = 0,6 \longmapsto P_{0,6}(A) = OC(0,6) =$

$= \sum_{i=0}^{79} B(100; 0,6; i) - \sum_{i=0}^{60} B(100; 0,6; i) = 0,99998 - 0,53792 \approx 0,46$

Lösung:

a) $P_{0,7}(\overline{A}) = \sum_{i=0}^{60} B(100; 0{,}7; i) + \sum_{i=80}^{100} B(100; 0{,}7; i)$

$= 0{,}02099 + (1 - 0{,}98354) = 0{,}03745 \approx \underline{0{,}04}$

b) $P_{0,8}(A) = \sum_{i=0}^{79} B(100; 0{,}8; i) - \sum_{i=0}^{60} B(100; 0{,}8; i) =$

$= 0{,}44054 - 0{,}00000 \approx \underline{0{,}44}$

Gelegenheit zur Unterbrechung: U

Auf den restlichen Seiten des V. Teils wird wieder von der Laplace-Formel Gebrauch gemacht. Dann können wir n = 1000 wählen und hoffen, daß sich die OC-Kurve der des idealen Tests noch besser annähert als im letzten Beispiel.

Aufgabe:

Ermitteln Sie den Annahmebereich für H_o : p = 0,7 für n = 1000 auf dem Signifikanzniveau von 5 %.

Wegen n · p · (1 − p) = 1000 · 0,7 · 0,3 = 210 ist die Approximation der Binomialverteilung durch die Normalverteilung sicher gerechtfertigt.
Infolgedessen liegt A symmetrisch bezüglich des Erwartungswerts.

Zur Erinnerung: 0,04 ist im Bild der Seite 133 die Differenz des OC-Wertes an der Stelle 0,7 gegenüber 1.

0,44 ist der OC-Wert an der Stelle 0,8.

Im Fall des idealen Tests hätten wir jetzt folgende OC-Kurve:

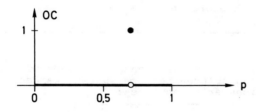

$A = \{c_1, \ldots, 700\ldots, c_2\}$

$P_{0,7}(\overline{A}) = P_{0,7}(Z < c_1 \lor Z > c_2) = 2 \cdot P_{0,7}(Z > c_2)$

$\approx 2 \cdot \left[1 - \Phi\left(\dfrac{c_2 + 0,5 - \mu}{\sigma}\right)\right]$

136 Lösung:

$\mu = 1000 \cdot 0{,}7 = 700$

$\sigma = \sqrt{1000 \cdot 0{,}7 \cdot 0{,}3} = \sqrt{210} \approx 14{,}5$

$A = \{c_1; \ldots; 700; \ldots; c_2\}$

$P_{0,7}(\overline{A}) \approx 2 \cdot \left[1 - \Phi\left(\dfrac{c_2 + 0{,}5 - \mu}{14{,}5}\right)\right]$

$P_{0,7}(\overline{A}) \leq 0{,}05 \Longrightarrow 1 - \Phi\left(\dfrac{c_2 + 0{,}5 - 700}{14{,}5}\right) \leq 0{,}025$

$$0{,}975 \leq \Phi\left(\dfrac{c_2 + 0{,}5 - 700}{14{,}5}\right)$$

$\dfrac{c_2 - 699{,}5}{14{,}5} \geq 1{,}96 \iff c_2 \geq 727{,}9 \Longrightarrow c_{2\,min} = 728$

Der zu bestimmende Annahmebereich ist somit
$A = \{672; 673; \ldots; 727; 728\}$

Es soll anschließend die zum berechneten A gehörende OC-Kurve gezeichnet werden. Um Ihnen Ablesearbeit zu sparen, werden hier die interessierenden Funktionswerte angegeben:

p	0,6	0,65	0,7	0,75
OC (p)	0,00	0,08	0,95	0,06

Aufgabe:

a) Weisen Sie nach, daß der an zweiter Stelle aufgeführte Funktionswert stimmt.

b) Skizzieren Sie die OC-Kurve.

c) Zeichnen Sie das Risiko 1. Art ein.

d) Zeichnen Sie das Risiko 2. Art für p = 0,65 ein.

Ausführlicher Anfang, nach Formelsammlung:

$$P_{0,7}(A) \approx \Phi\left(\frac{c_2 - \mu + 0,5}{\sigma}\right) - \Phi\left(\frac{c_1 - \mu - 0,5}{\sigma}\right)$$

$$\Rightarrow P_{0,7}(\bar{A}) \approx 1 - \left[\Phi\left(\frac{c_2 - \mu + 0,5}{\sigma}\right) - \Phi\left(\frac{c_1 - \mu - 0,5}{\sigma}\right)\right]$$

$$= \left[1 - \Phi\left(\frac{c_2 - \mu + 0,5}{\sigma}\right)\right] + \Phi\left(\frac{c_1 - \mu - 0,5}{\sigma}\right)$$

Wegen der Symmetrie von A bezüglich μ folgt:

$$P_{0,7}(\bar{A}) \approx \left[1 - \Phi\left(\frac{c_2 - \mu + 0,5}{\sigma}\right)\right] \cdot 2 = 2 - 2 \cdot \Phi\left(\frac{c_2 - \mu - 0,5}{\sigma}\right)$$

Oder man berechnet c_1:

$$\Phi\left(\frac{c_1 - 700 - 0,5}{14,5}\right) \cdot 2 \leq 0,05$$

$$\Phi\left(\frac{c_1 - 700 - 0,5}{14,5}\right) \leq 0,025$$

$$\frac{c_1 - 700,5}{14,5} \leq -1,96$$

$$c_1 - 700,5 \leq -28,42$$

$$c_1 \leq 672,08 \Rightarrow c_{1\ max} = 672$$

Den Wert 1,96 findet man im Tafelwerk und auch in der Formelsammlung gesondert angegeben: Beim Signifikanzniveau 5 % muß man mit dem 1,96fachen der Standardabweichung arbeiten.

$$OC(p) = P_p(A)$$

Also bitte OC (0,65) berechnen!

Lösung:

a) $OC(0{,}65) = P_{0{,}65}(A) = P_{0{,}65}(672 \leq Z \leq 728)$

$$\approx \Phi\left(\frac{728{,}5 - 650}{\sqrt{1000 \cdot 0{,}65 \cdot 0{,}35}}\right) - \Phi\left(\frac{671{,}5 - 650}{\sqrt{227{,}5}}\right) =$$

$$= \Phi(5{,}20) - \Phi(1{,}43) = 1 - 0{,}92364 \approx 0{,}076 \approx \underline{0{,}08}$$

b)

```
     ↑ OC (p)
   1 +----------------------●---------
                           /│\ c)
                          / │ \
                         /  │  \
                        /   │   \
 0,5 +                 /    │    \
                      /     │     \── Risiko 2. Art
                     /      │      \   für p = 0,65
                    /       │       \
     +----------+-----------+----→ p
     0         0,5          1
```

Auf den letzten Seiten hatten die zu testenden Hypothesen immer die Form $H_0 : p = p_0$. Häufiger wird man einseitige Hypothesen wie $p \geq p_0$ oder $p \leq p_0$ zu untersuchen haben, gelegentlich auch zweiseitige Hypothesen wie etwa $H_0 : 0{,}5 \leq p \leq 0{,}7$.

Aufgabe:

Skizzieren Sie die OC-Kurven für den idealen Test im Fall folgender Nullhypothesen:

a) $H_0 : \quad p \geq 0{,}4$
b) $H_0 : \quad p \leq 0{,}5$
c) $H_0 : \quad 0{,}5 \leq p \leq 0{,}7$

Mit der jetzt erhaltenen OC-Kurve sind wir der des idealen Tests schon ziemlich nahe gekommen. Das liegt daran, daß wir den Annahmebereich vernünftig und den Stichprobenumfang hinreichend groß gewählt hatten.

In diesen Fällen handelt es sich um zusammengesetzte Hypothesen.

Sie müssen sich dazu in jedem dieser Fälle erst einmal überlegen, wie man den Annahmebereich A vernünftig wählen wird.
OC (p) ist dann für jedes p gleich P_p (A)!

Lösung:

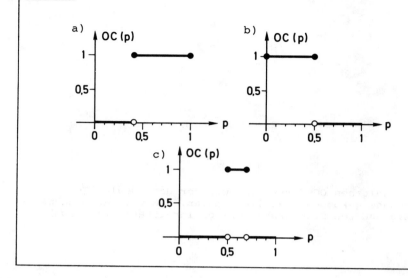

Dem Praktiker sagen die OC-Kurven viel über die Qualität eines Tests
- eben beispielsweise, wie weit man vom idealen Fall entfernt ist.

Wesentlich kommt es dabei jeweils auf die Wahl vom Stichprobenumfang
n und vom Annahmebereich A an.

Im Fall dieser idealen Tests ist das Risiko 1. Art stets null, ebenso das Risiko 2. Art - und dies für jede Wahrscheinlichkeit p, die der Alternativhypothese entspricht.
Da in den OC-Kurven $P_p(A)$ als Funktionswert aufgetragen ist, findet man dort für solche p-Werte, die der Nullhypothese widersprechen, das **Risiko 2. Art** direkt als Ordinate.
(Es ist beim idealen Test null).

Weiter findet man bei der Darstellung der OC-Kurven für solche p-Werte, die der Nullhypothese genügen, das **Risiko 1. Art** als Differenz gegenüber 1.
(Es ist beim idealen Test ebenfalls null.)

Wir greifen hier zur Demonstration auf das Nova-Beispiel zurück. Die Hypothese $H_o : p \leq 0,8$ wurde auf Seite 92/94 mit n = 50 und
A = {0,1, ..., 45} getestet und auf Seite 86/90 mit n = 150 und
A = {0,1, ..., 130}. Die zum ersten Testverfahren gehörende OC-Kurve ist hier gestrichelt skizziert, die zum zweiten gehörende durchgezogen:

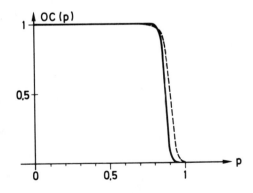

142 Zusammenfassung zur Operationscharakteristik

Sie ist für $p \in [0; 1]$ definiert und setzt voraus, daß der Testumfang n und der Annahmebereich A vorgegeben sind:

OC: $p \longmapsto P_p(A)$

Für die vorliegende (Treffer-)Wahrscheinlichkeit p gibt sie also dann das Risiko 2. Art an, wenn p so gewählt wird, daß es sich mit der Nullhypothese nicht verträgt.

Dazu einige **Skizzen**:

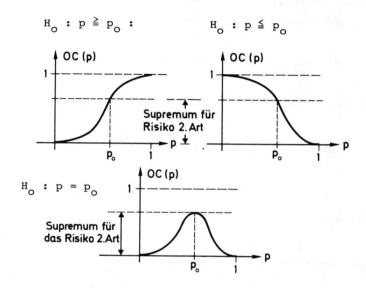

Sie finden die Definition der Operationscharakteristik auch in der Formelsammlung, auf Seite 111.

Falls die beiden Nullhypothesen $H_o : p > p_o$ und $H_o : p < p_o$ heißen würden, wäre die OC-Kurve jeweils die gleiche. Bei OC (p_o) wäre dann in beiden Fällen das Supremum zugleich das Maximum für das Risiko 2. Art.

Auch hier ist das Risiko 2. Art eingezeichnet. Es ist nicht das Maximum, weil es hier beim Risiko 2. Art nur um p-Werte geht, die von p_o verschieden sind.

VI. Teil: Zahlenlotto, Herr Niemand und die Skimädels

Wie man - fast - schon aus der Überschrift schließen kann, handelt es sich hier um weitere Übungsaufgaben. Ihr Niveau liegt ab Seite 148 über dem, was man in einem Leistungskurs normalerweise verlangen wird.
Sie dürfen sich daher ohne weiteres auf die Bearbeitung bis Seite 148 beschränken.
Manche werden freilich gerade die dann folgenden Seiten besonders interessant finden.

Auf Seite 96 wurde das übliche Vorgehen beschrieben, wie man von der Behauptung bzw. der Vermutung zur Nullhypothese kommt, wenn man sie dann so testen will, daß das Risiko 1. Art klein genug bleibt, daß es nämlich höchstens gleich dem Signifikanzniveau ist.
Ähnlich wie beim indirekten Beweis geht man zunächst zur Gegenthese der Behauptung über und nimmt ihre Richtigkeit an. Dann macht man sich hier beim Testen Gedanken über die Wahrscheinlichkeit dafür, daß man sich irrt.

Für dieses Vorgehen folgen anschließend zwei Übungsaufgaben.

Aufgabe:

Hochempfindliche elektronische Bauteile haben angeblich eine Ausschußquote von höchstens 3 %.
Wie ist die Entscheidungsregel zu wählen, wenn die Behauptung durch eine Stichprobe vom Umfang 100 auf dem 5 %-Signifikanzniveau getestet werden soll?

In diesem VI. Teil werden weitere, ab Seite 148 schwierigere, Übungsaufgaben angeboten und der Spezialfall eines Testverfahrens, des "Zeichentests", behandelt.

Es wurde auch darauf hingewiesen, daß man das gleiche erreicht, wenn man statt dessen das Risiko 2. Art der Alternativhypothese klein hält!

Beim indirekten Beweis geht man von der Behauptung zur Gegenthese über, nimmt ihre Richtigkeit an und zieht daraus Folgerungen mit dem Ziel, auf einen Widerspruch zu kommen. Daraus ergibt sich dann die Unmöglichkeit der Gegenthese, und man schließt daraus, daß die behauptete Aussage richtig ist.

Die Behauptung lautet $p \leq 0,03$,
die Nullhypthese also: $H_o : p > 0,03$

Lösung: Ansatz: $A = \{c, c+1, \ldots, 99, 100\}$

Das Risiko 1. Art ist $P_p(\overline{A})$ mit $p > 0{,}03$.

Sein Supremum ergibt sich für $p = 0{,}03$.
Diesen Wert müssen wir berücksichtigen:

$$P_{0,03}(\overline{A}) = \sum_{i=0}^{c-1} B(100;\, 0{,}03;\, i) \leqq 0{,}05$$

$c - 1 \leqq 0 \Longleftrightarrow c \leqq 1, \quad c_{max} = 1$

$A = \{1, 2, \ldots, 100\}$

Entscheidungsregel: $Z \geqq 1 \longrightarrow H_0$ kann nicht abgelehnt werden.

Aufgabe:

Eine gewisse Partei spekuliert auf mindestens 50 % der Stimmen. Wie viele von 200 zu interviewenden Wählern müssen sich für diese Partei mindestens entscheiden, wenn die Irrtumswahrscheinlichkeit 2 % nicht übertreffen soll?

$\overline{A} = \{0, 1, \ldots, c - 1\}$

Das tatsächliche supremale Risiko 1. Art ist dann $0,04755 \approx 4,8\ \%$.
Für die elektronischen Bauteile bedeutet das: Wir verzichten auf die Annahme der Lieferung, wenn von der Stichprobe auch nur ein Teil defekt ist.
Hier liegt wieder einmal der Fall vor, daß das Risiko 1. Art kein Maximum besitzt, denn der Fehler 1. Art ergibt sich ja nur für $p > 0,03$ und nicht für $p = 0,03$
Man muß also mit dem Supremum arbeiten, der kleinsten oberen Schranke. Diesen Wert erhält man in Form von $P_{p=0,03}(Z \geq 1)$

Die Behauptung ist also: $p \geq 0,5$.
Die Trefferwahrscheinlichkeit p bedeutet dabei die Wahrscheinlichkeit, mit der die Partei von einem einzelnen Wähler bevorzugt wird.

Irrtumswahrscheinlichkeit = Signifikanzniveau!

148

Lösung:

$H_0: p < 0,5$

Ansatz: $A = \{0, 1, \ldots, c\}$

Das Risiko 1. Art ist $P_p(\overline{A})$ mit $p < 0,5$. Sein Supremum ergibt sich für $p = 0,5$.

$$P_{0,5}(\overline{A}) = \sum_{i=c+1}^{200} B(200; 0,5; i) \leq 0,02 \iff$$

$$1 - \sum_{i=0}^{c} B(200; 0,5; i) \leq 0,02 \iff 0,98 \leq \sum_{i=0}^{c} B(200; 0,5; i)$$

$$\implies c \geq 115; \quad c_{min} = 115$$

$A = \{0, 1, \ldots, 114, 115\}$

Von den Befragten müssen sich also mindestens 116 für die Partei entscheiden.

Gelegenheit zur Unterbrechung: ∪

Auf die nun folgenden schwierigeren Aufgaben (*) dürfen Sie verzichten und auf Seite 174 fortsetzen.

Aufgabe:

Um der - zugegeben etwas absonderlichen - Behauptung nachzugehen, exakt 50 % aller Menschen seien gebürtige Linkshänder, wird eine umfangreiche Versuchsserie geplant. Die Nullhypothese $H_0 : p \neq 0,5$, soll schon dann angenommen werden, wenn sich nicht exakt 50 % der Testpersonen als geborene Linkshänder erweisen.
Wie groß muß der Umfang der Stichprobe gewählt werden, wenn das Testergebnis mit 3 % signifikant sein soll?

Vergleichen Sie die Hinweise auf Seite 149!

Zur Erinnerung an einige Bezeichnungen:
Hier ist A = {0,1, ..., 114, 115} der **Annahmebereich** von H_o.

$\overline{A}$ = {116, 117, ..., 200} heißt der **Ablehnungsbereich** von H_o.

Man sagt dafür gelgentlich auch "**kritische Region**".

Hinweise für die neue Aufgabe:

H_o: p ≠ 0,5
Ansatz: A = {0; ...; $\frac{n}{2}$ − 1} ∪ {$\frac{n}{2}$ + 1; ...; n}

Wir nehmen n als eine gerade Zahl an!
Das Supremum des Risikos 1. Art ist $P_{0,5}$ ($\overline{A}$) mit $\overline{A}$ = {$\frac{n}{2}$}.

Es soll betont werden, daß die hier zu testende Behauptung, **exakt** die Hälfte aller Menschen seien Linkshänder, ziemlich wirklichkeitsfremd ist. Sie können die Aufgabe aus diesem Grund ablehnen und gleich auf Seite 152 unten weiterarbeiten.
Sie können die Aufgabe aber als gute Übung ansehen und daher bearbeiten. Es bietet sich hier übrigens auch die Möglichkeit an, einmal von der lokalen Näherungsformel von Laplace Gebrauch zu machen.
Sie finden die Lösung **dazu** auf Seite 152, die mit der integralen Näherung auf Seite 150.
Nützen Sie die Gelegenheiten?

150* Lösung der Aufgabe von Seite 148 mit der integralen Näherungsformel:

$\mu = 0{,}5\,n; \quad \sigma = \sqrt{0{,}5\,n \cdot 0{,}5} = 0{,}5\sqrt{n}$

$$P_{0,5}(\bar{A}) \approx \Phi\left(\frac{0{,}5\,n + 0{,}5 - 0{,}5\,n}{0{,}5\sqrt{n}}\right) - \Phi\left(\frac{0{,}5\,n - 0{,}5 - 0{,}5\,n}{0{,}5\sqrt{n}}\right) =$$

$$= \Phi\left(\frac{1}{\sqrt{n}}\right) - \Phi\left(-\frac{1}{\sqrt{n}}\right) = \Phi\left(\frac{1}{\sqrt{n}}\right) - \left[1 - \Phi\left(\frac{1}{\sqrt{n}}\right)\right] = 2 \cdot \Phi\left(\frac{1}{\sqrt{n}}\right) - 1$$

Diese Differenz soll nach Aufgabenstellung höchstens 0,03 sein:

$$2 \cdot \Phi\left(\frac{1}{\sqrt{n}}\right) - 1 \leq 0{,}03 \Longleftrightarrow 2 \cdot \Phi\left(\frac{1}{\sqrt{n}}\right) \leq 1{,}03 \Longleftrightarrow \Phi\left(\frac{1}{\sqrt{n}}\right) \leq 0{,}515$$

$$\Longrightarrow \frac{1}{\sqrt{n}} \leq 0{,}03 \Longleftrightarrow \sqrt{n} \geq \frac{1}{0{,}03} \Longleftrightarrow n \geq 1111{,}1$$

$\underline{n_{min} = 1112}$

Auf der nächsten Seite finden Sie die Lösung durch die lokale Näherungsformel. Versuchen Sie es erst selbst?

Die integrale Näherungsformel darf angewendet werden, falls
$\sigma^2 = \frac{1}{4} \cdot n$ größer als 9 ist - falls wir uns also für ein n entscheiden, das 36 übertrifft.

$P_{0,5}(\overline{A})$ ist die kleinste obere Schranke, das Supremum für alle
$P_p(\overline{A})$ mit $p \neq 0,5$!

Der hier zu erhaltende Wert ist durch die Weitmaschigkeit unserer Tabelle offensichtlich nur ein grober Näherungswert. Wenn man konsequent bei 0,03 abliest - wie nebenan geschehen - ergibt sich n = 1112. Mit 0,04 erhält man n = 626. Würde man - ausnahmsweise - interpolieren und mit 0,038 rechnen, käme man auf 692,52, also <u>694</u>. n sollte ja geradzahlig sein!

Lokale Näherungsformel:

$$B(n; p; k) \approx \frac{1}{\sigma} \cdot \varphi\left(\frac{k-\mu}{\sigma}\right), \text{ wobei } \varphi(x) = \frac{1}{\sqrt{2\pi}} e^{-\frac{1}{2}x^2}$$

$\varphi(x)$ finden Sie in den Tabellen!

152* Lösung der Aufgabe von Seite 148 mit der lokalen Näherungsformel:

$P_{0,5}(\overline{A}) \leqq 0,03$

$\overline{A} = \{\frac{n}{2}\}$, also: $B(n; 0,5; \frac{n}{2}) \leqq 0,03$

$B(n; 0,5; \frac{n}{2}) \approx \frac{1}{\sigma} \cdot \frac{1}{\sqrt{2\pi}} e^{-\frac{1}{2} \cdot 0^2} = \frac{1}{0,5\sqrt{n} \cdot \sqrt{2\pi}}$

(nach Formelsammlung Seite 110/11!)

Damit ergibt sich die Ungleichung

$\sqrt{\frac{2}{n\pi}} \leqq 0,03 \Longleftrightarrow n \geqq \frac{2}{0,03^2 \pi} \approx 707,36$

$\underline{n_{min} = 708}$

Aufgabe:

Es soll getestet werden, ob die Aussage, bei einem gewissen Endspiel seien zwischen 50 und 80 % der Fernsehapparate eingeschaltet, mit 5 % signifikant ist; n wird gleich 300 gewählt. Bestimmen Sie den Annahmebereich.
(Auf Seite 154 folgt zunächst nur der erste Teil der Lösung!)

Einfacher finden Sie die Lösung mit Hilfe der Tabelle für $\varphi(x)$:

$$\frac{k-\mu}{\sigma} = \frac{\frac{n}{2} - \frac{n}{2}}{\sigma} = 0$$

$$\sigma = \sqrt{n \cdot 0{,}5 \cdot 0{,}5} = 0{,}5\sqrt{n}$$

$$B(n;\, 0{,}5;\, \tfrac{n}{2}) \approx \frac{1}{0{,}5\sqrt{n}} \cdot 0{,}39894$$

$$\frac{1}{0{,}5\sqrt{n}} \cdot 0{,}39894 \leqq 0{,}03 \Longrightarrow n \geqq 707{,}35$$

$$n_{min} = 708$$

Verstehen Sie hier bitte "zwischen" im weiteren Sinn: Auch 50 % und 80 % selbst sollen noch einbegriffen sein.

154* Teillösung:

$H_o : p < 0,5 \lor p > 0,8$

Annahmebereich $A = \{0, \ldots, c_1\} \cup \{c_2, \ldots, 300\}$

Das Risiko 1. Art ist $P_{p < 0,5 \lor p > 0,8}(\overline{A})$

Es soll höchstens 5 % sein; wir teilen die 5 % wieder auf in 2,5 % + 2,5 %:

1. $P_{p<0,5}(\overline{A}) \leqq 0,025$

2. $P_{p>0,8}(\overline{A}) \leqq 0,025$

zu 1.: Das Supremum ergibt sich für $p = 0,5$:

$\mu = 150$; $\sigma = \sqrt{150 \cdot 0,5} = \sqrt{75} \approx 8,66$

$$P_{p=0,5}(\overline{A}) \approx \Phi\left(\frac{c_2 - 1 + 0,5 - 150}{8,66}\right) - \Phi\left(\frac{c_1 + 1 - 0,5 - 150}{8,66}\right)$$

$$= \Phi\left(\frac{c_2 - 150,5}{8,66}\right) - \Phi\left(\frac{c_1 - 149,5}{8,66}\right)$$

c_2 wird sicherlich wesentlich größer als 150 sein, so daß wir

$\Phi\left(\frac{c_2 - 150,5}{8,66}\right) \approx 1$ setzen dürfen:

$1 - \Phi\left(\frac{c_1 - 149,5}{8,66}\right) \leqq 0,025 \Leftrightarrow \Phi\left(\frac{c_1 - 149,5}{8,66}\right) \geqq 0,975$

$\frac{c_1 - 149,5}{8,66} \geqq 1,96 \Leftrightarrow c_1 \geqq 166,43;$

$$c_{1\,min} = 167$$

Ermitteln Sie entsprechend aus 2. die Größe von c_2!

Hier bedarf das Aufteilen von 5 % in zwei mal 2,5 % einer Erklärung:

Es gilt nämlich $P_{0,5}(\overline{A}) + P_{0,8}(\overline{A}) > P_{p=0,5 \vee p=0,8}(\overline{A})$, wie man gut an folgender Skizze erkennen kann:

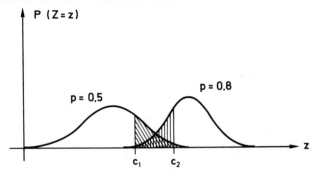

Wenn die beiden - jeweils verschieden - schraffierten Flächen 0,025 ausmachen, ist die insgesamt schraffierte kleiner als 0,05. Und die veranschaulicht $P_{p=0,5 \vee p=0,8}(\overline{A})$.

Warum c_2 wesentlich größer als 150 sein wird:

c_2 ist die mindestens nötige Anzahl der eingeschalteten Apparate, um die Hypothese $p > 0,8$ anzunehmen. Beim Stichprobenumfang n = 300 ist der Erwartungswert für den Grenzfall p = 0,8 gleich n·p = 240, für p > 0,8 noch größer.

Nach der Tabelle ist schon $\phi(3) \approx 1$!

156* Fortsetzung der Lösung zu 152:

2. $P_{p>0,8}(\overline{A}) \leq 0,025$

Das Supremum ergibt sich für $p = 0,8$:

$\mu = 240;\ \sigma = \sqrt{240 \cdot 0,2} = \sqrt{48} \approx 6,93$

$P_{0,8}(\overline{A}) \approx \Phi\left(\dfrac{c_2 - 1 + 0,5 - 240}{6,93}\right) - \Phi\left(\dfrac{168 - 0,5 - 240}{6,93}\right) =$

$= \Phi\left(\dfrac{c_2 - 240,5}{6,93}\right) - \Phi(-10,46) = \Phi\left(\dfrac{c_2 - 240,5}{6,93}\right) - 0$

$\Phi\left(\dfrac{c_2 - 240,5}{6,93}\right) \leq 0,025 \Leftrightarrow 1 - \Phi\left(\dfrac{240,5 - c_2}{6,93}\right) \leq 0,025$

$\Leftrightarrow \Phi\left(\dfrac{240,5 - c_2}{6,93}\right) \geq 0,975 \Rightarrow \dfrac{240,5 - c_2}{6,93} \geq 1,96$

$\Leftrightarrow c_2 \leq 226,9;\ c_{2\,max} = 226$

$A = \{0, \ldots, 167\} \cup \{226, \ldots, 300\}$

Die Behauptung über die Einschaltquote beim großen Endspiel wird also beim Signifikanzniveau von 5 % nur dann angenommen, wenn von den 300 herausgegriffenen Apparaten mindestens 168 und höchstens 225 eingeschaltet waren.

Aufgabe:

In 10 aufeinanderfolgenden Ziehungen des Zahlenlottos "6 aus 49" tritt 7 mal die Zahl 17 auf.
Berechnen Sie zunächst nur, wie groß die Wahrscheinlichkeit für das Auftreten einer bestimmten Zahl bei einer Ziehung ist.

Wenn Sie sich für die nachträgliche Bestätigung interessieren, daß
wir auf Seite 154 die Näherung $\Phi\left(\dfrac{c_2 - 150{,}5}{8{,}66}\right) \approx 1$ machen durften:

Es ist $\Phi\left(\dfrac{226 - 150{,}5}{8{,}66}\right) = \Phi(8{,}72) = 1{,}00000!$

Bei dem Zahlenlotto "6 aus 49" werden wöchentlich von 49 Kugeln, die mit 1 bis 49 numeriert sind, 6 ausgewählt. Ein solches Spiel nennt man "Ziehung". Sie kann jeweils am Samstag abends im Fernsehen beobachtet werden.

158* Lösung:

$$\frac{\binom{48}{5}}{\binom{49}{6}} = \frac{6}{49}$$

Betrachten wir die 10 aufeinanderfolgenden Ziehungen als eine Bernoullikette, ergibt sich für das siebenmalige Auftreten der Zahl 17 die folgende Laplace-Wahrscheinlichkeit:

$$B(10; \tfrac{6}{49}; 7) = \binom{10}{7} \cdot \left(\tfrac{6}{49}\right)^7 \cdot \left(\tfrac{43}{49}\right)^3 \approx 0{,}0000335$$

Es mutet somit sehr seltsam an, wenn die 17 dennoch 7mal vorkam. Die Frage ist nun, ob man die 17 als Glückszahl bezeichnen darf - genauer: ob eine derartige Aussage mit einer Irrtumswahrscheinlichkeit von 10 % akzeptiert werden darf.

Aufgabe:

Bestimmen Sie die nötige Nullhypothese und den zugehörigen Annahmebereich. (Auf Seite 160* folgt wieder nur ein Teil der Lösung!)

$|\Omega| = \binom{49}{6}$, die Anzahl der Möglichkeiten, aus 49 Kugeln Teilmengen der Mächtigkeit 6 auszuwählen. Daß unter den 6 gezogenen Kugeln die 17 und fünf andere vorkommen, dafür gibt es nach dem Zählprinzip $\binom{48}{5}$ Möglichkeiten.

Es wird zu untersuchen sein, ob man von der 17 sagen kann, daß sie in den wöchentlichen Ziehungen ungewöhnlich häufig vorkommt, ob ihre Wahrscheinlichkeit also größer als $\frac{6}{49}$ ist.

Es sollen - vgl. Aufgabe auf Seite 156 - zehn aufeinanderfolgende Ziehungen betrachtet werden!

160* Teillösung:

Wir bezeichnen die Wahrscheinlichkeit dafür, daß 17 bei einer Ziehung vorkommt, mit p.

$H_o : p \leq \frac{6}{49}$; $A = \{0; \ldots; c\}$

Risiko 1. Art: $P_{\frac{6}{49}}(\bar{A}) = \sum_{i=c+1}^{10} B(10; \frac{6}{49}; i) \leq 0{,}10$

$\iff 1 - \sum_{i=0}^{c} B(10; \frac{6}{49}; i) \leq 0{,}1 \iff 0{,}9 \leq \sum_{i=0}^{c} \binom{10}{i} \cdot \left(\frac{6}{49}\right)^i \cdot \left(\frac{43}{49}\right)^{10-i}$

Um das minimale c zu bestimmen, das dieser Ungleichung genügt, müssen wir entscheiden, wie weit folgende Reihe fortzusetzen ist, damit sie 0,9 übertrifft:

$$\binom{10}{0} \cdot \left(\frac{6}{49}\right)^0 \cdot \left(\frac{43}{49}\right)^{10} + \binom{10}{1} \cdot \left(\frac{6}{49}\right)^1 \cdot \left(\frac{43}{49}\right)^9 + \binom{10}{2} \cdot \left(\frac{6}{49}\right)^2 \cdot \left(\frac{43}{49}\right)^8 + \ldots$$

Setzen wir für $\frac{6}{49}$ den Dezimalbruch 0,1224 und für $\frac{43}{49}$ den Dezimalbruch 0,8776, erhalten wir dafür

$$\underbrace{0{,}8776^{10} + 10 \cdot 0{,}1224 \cdot 0{,}8776^9 + 45 \cdot 0{,}1224^2 \cdot 0{,}8776^8}_{0{,}8862} + \ldots$$

Addiert man dazu noch $\binom{10}{3} \cdot 0{,}1224^3 \cdot 0{,}8776^7 = 0{,}088$,

so übertrifft der Wert unserer Reihe bereits für c = 3 die 0,9.
Ergebnis: $A = \{0, 1, 2, 3\}$

Aufgabe:

Ist nun die 17 auf dem Signifikanzniveau von 10 % als Glückszahl zu bezeichnen?

Nochmals eine Begründung, warum hier nur das **minimale** c interessiert: Würde man c gleich 9 oder gar 10 setzen, wäre das Risiko 1. Art sehr klein; man würde die Nullhypothese dann ja (fast) immer akzeptieren. Aber das Risiko 2. Art wäre enorm hoch: Wenn die Nullhypothese nicht zutrifft - etwa für p = 0,2 - wäre die Gefahr sehr groß, daß sie angenommen würde. Das kann man nicht wollen!

Wieder könnte man für die Berechnung gut einen Computer einsetzen. Die Annäherung durch die Normalverteilung ist an sich nicht vertretbar, da $n \cdot p \cdot (1 - p) = 10 \cdot \frac{6}{49} \cdot \frac{43}{49}$ bei weitem nicht größer als 9 ist.

In 10 aufeinanderfolgenden Ziehungen trat die Zahl 17 sieben mal auf!

162* Fortsetzung der Lösung zu 156*:

Ergebnis: A = {0, 1, 2, 3} ; 7 ∉ A.
Die Nullhypothese, 17 habe sich nicht als Glückszahl erwiesen, kann daher nicht angenommen werden.
Die Hypothese "17 ist Glückszahl" ist somit auf dem Signifikanzniveau 10 % "gesichert".

Auch, wenn 17 in den 10 Ziehungen nur 4mal aufgetreten wäre, wären wir offensichtlich zu diesem Ergebnis gekommen. (Wir geben gerne zu, daß unsere siebenmalige 17 nur erfunden worden ist!)

Aufgabe:

Herr Niemand versichert, in den letzten 7 Jahren der Reihe nach vor seiner Haustür am 1. Mai folgende Mittagstemperaturen gemessen zu haben:

$27°, 25°, 24°, 22°, 21°, 17°, 16°$.

Ist seine Hypothese, es werde am 1. Mai immer kälter, auf dem 5 %-Signifikanzniveau gesichert?

Beachten Sie die Hinweise auf Seite 163!

Hinweise zur nächsten Aufgabe:

Wir bezeichnen mit p die Trefferwahrscheinlichkeit dafür, daß es von einem Jahr zum folgenden kälter wird. Dann ist n = 6.
Herr Niemand behauptet, p sei verschieden von 0,5 und zwar größer als 0,5.

Die Nullhypothese ist dann: $H_o : p \leqq 0,5$.

Z = 'Anzahl der Temperaturverminderungen von Jahr zu Jahr jeweils am 1. Mai'.
Ansatz für den Annahmebereich:
A = {0,1, 2, ..., c}

Das Risiko 1. Art hat als Supremum $P_{0,5}$ ($\overline{A}$)

Ermitteln Sie bitte c und beantworten Sie die auf Seite 162 aufgeworfene Frage.

Lösung zu 162:

Risiko 1. Art: $P_{0,5}(\bar{A}) = \sum_{i=c+1}^{6} B(6; 0,5; i)$

$$\sum_{i=c+1}^{6} B(6; 0,5; i) \leq 0,05$$

$$\sum_{i=0}^{c} B(6; 0,5; i) \geq 0,95$$

$\Longrightarrow c \geq 5; c_{min} = 5$

Annahmebereich für die Nullhypothese: $A = \{0, 1, \ldots, 5\}$
Entscheidungsregel: Bezeichnet man die Anzahl der Temperaturverminderungen mit z, so ist zu setzen:

$z \in \{0, 1, 2, 3, 4, 5\} \longmapsto H_o$ akzeptieren.

Da $z = 6$, wird H_o (daß die Änderungen zufällig sind) nicht angenommen. Herr Niemand hat also seine These von der kommenden Eiszeit auf dem 5 %-Signifikanzniveau abgesichert, falls es ihn gibt.

Aufgabe:

Der Skitrainer einer aus 10 flinken Abfahrmädels bestehenden Mannschaft testet zwei Wachssorten A und B, indem er die jeweils von den zehn Läuferinnen unter sonst gleichen Bedingungen erzielten Abfahrtszeiten miteinander vergleicht.

Wachs \ Läuferin	1	2	3	4	5	6	7	8	9	10
A	80	77	83	81	81	79	88	82	79	81
B	79	76,50	83	81,20	80,50	78	86	82	78,5	80

Stellen Sie zunächst nur fest, wie oft die Differenzen positiv, null bzw. negativ sind, die sich durch Subtraktion der B-Werte von den A-Werten ergeben.

Man **könnte** aus dieser Zeile ohne Tabelle auf $c \geq 5$ schließen, weil

$$\sum_{i=6}^{6} B(6; 0,5; i) = B(6; 0,5; 6) = (0,5)^6 \approx 0,0156$$

und

$$\sum_{i=5}^{6} B(6; 0,5; i) \text{ um } B(6; 0,5; 5) = 6 \cdot (0,5)^6 \approx 0,0936 \text{ größer ist.}$$

Das eben betrachtete Beispiel kann zu einem einfachen Testverfahren ausgebaut werden, das mit der anschließenden Aufgabe vorbereitet wird. Dabei geht es um den Vergleich zweier Meßreihen, die unter verschiedenen Bedingungen entstanden sind.

Die bei A und B angegebenen Werte sollen die Anzahlen der jeweils benötigten Sekunden bedeuten.

166* Lösung: 7 mal positiv, 2 mal null und 1 mal negativ.

Der Trainer möchte nun wissen, ob damit das Wachs B "signifikant besser" ist als das Wachs A.

Bevor wir die Nullhypothese aufstellen, ist die Zufallsgröße Z zu definieren; sie soll die Zahl der positiven Vorzeichen bedeuten. Wenn nämlich das Wachs B besser ist als A, bedeutet das doch, daß Z nicht rein zufällig 7 mal positiv und 2 mal null ist.

Aufgabe:

Definieren Sie die Zufallsgröße Z und notieren Sie die Nullhypothese.

"Zahl der positiven Vorzeichen" bedeutet hier, wie oft die mit dem Wachs A erzielten Abfahrtszeiten größer sind, als die mit dem Wachs B.

Die zu testende Behauptung heißt:
Wachs B ist besser als Wachs A.

168 Lösung:

Z: = 'Anzahl der positiven Differenzen, die sich durch Subtraktion der B-Werte von den A-Werten ergeben.'

H_o: $p \leq 0,5$, wobei p die Trefferwahrscheinlichkeit für eine positive Differenz ist.

Da man bei diesem Testverfahren nur auf das Vorzeichen von Differenzen achtet, bezeichnet man es als Vorzeichentest oder kürzer **Zeichentest**.

Aufgabe:

a) Bestimmen Sie den Annahmebereich für das Signifikanzniveau 10 %.

b) Welche Auskunft kann man dem Trainer geben?

Da B **besser** sein soll, müssen wir die zwei Null-Differenzen als "Gegenargumente" mit berücksichtigen. Ginge es lediglich darum, ob B **nicht schlechter** ist als A, wäre Z die Anzahl der Differenzen, die positiv oder null sind.

Z ist also die Anzahl der Fälle, in denen sich B als besser erweist als A.

Sie lassen sich ja dadurch nicht verwirren, daß A in dieser Aufgabe sowohl eine Wachssorte als auch den Annahmebereich für die Nullhypothese bedeutet.

170* Lösung:

a) Annahmebereich A = {0,1, ..., c}

Risiko 1. Art:

$$P_{0,5}(\bar{A}) = \sum_{i=c+1}^{10} B(10;\ 0{,}5;\ i) \leq 0{,}10$$

$$\Longleftrightarrow 1 - \sum_{i=0}^{c} B(10;\ 0{,}5;\ i) \leq 0{,}1 \Longleftrightarrow 0{,}9 \leq \sum_{i=0}^{c} B(10;\ 0{,}5;\ i)$$

Ergebnis: $c \geq 7$, A = {0, 1, ..., 7}

b) Auf dem Signifikanzniveau von 10 % ist Wachs B nicht besser als A.

Offensichtlich ist der Zeichentest eine sehr bequeme Angelegenheit: Man benötigt nur die Tabellen mit den Binomialwahrscheinlichkeiten

$$\sum_{i=0}^{c} B(n;\ 0{,}5;\ i)$$

Freilich ist das Testverfahren mathematisch ziemlich "grob": große Differenzen zählen genau so stark wie kleine.

Wenn Sie zum Zeichentest ein zusätzliches Beispiel lösen wollen, bittesehr:
Ein Bauer testet die Behauptung, daß eine Düngesorte B gegenüber einer Düngesorte A bei gleichem Preis einen höheren Weizenertrag pro m^2 ergibt. Er wiegt den Ertrag von 20 verschiedenen m^2 aus und stellt fest, daß sich B 15 mal als besser erwiesen hat.

Ist die Behauptung auf dem Signifikanzniveau von 10 % abgesichert?

Die Lösung finden Sie auf Seite 173!

*Formalisierung des Zeichentests:

Behauptung:

Ein Verfahren B ist wirksamer als ein Verfahren A bezüglich einer meßbaren Eigenschaft an einer Grundgesamtheit.

Man untersucht eine Stichprobe vom Umfang n und bestimmt die Differenzen, die sich bezüglich der meßbaren Eigenschaft an den n Elementen der Stichprobe ergeben.

Z: = 'Anzahl der dabei festgestellten positiven Differenzen'.

H_o: $p \leq 0,5$, wobei mit p die Wahrscheinlichkeit für das Eintreten einer positiven Differenz bezeichnet wird.

Zu vorgegebenem Risiko 1. Art in Höhe von α ergibt sich aus

$P_{0,5}(\overline{A}) \leq \alpha$ der Annahmebereich A für die Nullhypothese.

Falls für den beobachteten Wert z gilt, daß $z \in \overline{A}$, kann die Behauptung auf dem Signifikanzniveau α nicht zurückgewiesen werden; sie ist damit "mit einer Irrtumswahrscheinlichkeit von α statistisch abgesichert".

Demonstrationsbeispiel zum Zeichentest:

Behauptung:

Eine Düngesorte B ergibt gegenüber einer Düngesorte A trotz gleicher Kosten einen höheren Weizenertrag pro m^2.

Es wird der Ertrag von 20 verschiedenen m^2 ausgewogen, 15mal hat sich B als besser erwiesen.

Ist die Behauptung mit 10 % signifikant?

$P_{0,5}(\overline{A}) \leqq 0,10$; das heißt für $A = \{0,1, \ldots, c\}$:

$$1 - \sum_{i=0}^{c} B(20; 0,5; i) \leqq 0,10$$

$$\sum_{i=0}^{c} B(20; 0,5; i) \geqq 0,90;$$

das führt auf $c_{min} = 13$.

Wegen $15 \notin A$ wird daher die Nullhypothese verworfen; die Düngesorte B hat sich also auf dem Signifikanzniveau 10 % als besser als A erwiesen.

VII. Teil: Verfälschung eines Tests

"Wahrsagerin" Sabrina behauptet, hellseherische Fähigkeiten zu haben. Angeblich kann sie recht treffsicher angeben, um welches der vier Asse eines Kartenspiels es sich jeweils handelt, wenn man eines von ihnen verdeckt auf den Tisch legt und die linke Hand fest dagegen andrückt.

Die aufgestellte Behauptung soll getestet werden. Nun kann man einen Test so gestalten, daß er durch seine Anlage schlecht ist. Dafür gibt es zum Beispiel folgende Möglichkeiten:

- zu kleinen Stichprobenumfang wählen (etwa n = 2 oder gar n = 1!)

- sinnwidrige H_0-Hypothesen aufstellen

- einen unglücklichen Annahmebereich zugrunde legen

Frage:

a) Welchen Stichprobenumfang würden Sie für den Fall Sabrina gefühlsmäßig für vernünftig halten?

b) Welche H_0-Hypothese würden Sie für sinnvoll halten?

Die Trefferwahrscheinlichkeit p soll dabei die Wahrscheinlichkeit bedeuten, mit der die Angabe einer der vier möglichen Farben des Kartenspiels richtig erfolgt.

176

Antwort:

a) vielleicht n = 20 oder mehr

b) $H_o: p \leqq 0,25$

Es soll anhand der folgenden Seiten gezeigt werden, wie man einen Test sinnwidrig gestalten kann und zwar durch

a) bedenklich kleinen Stichprobenumfang: n = 5

b) Wahl einer möglichen, wenn auch nicht sehr sinnvollen Hypothese:
$H_o : p = 0,25$

und c) durch die Wahl des Annahmebereichs.

Für den Fall Sabrina wäre dann die ideale OC-Kurve:

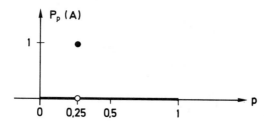

und erhoffen würde man sich etwa:

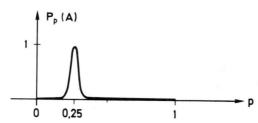

Sicher sind wir durch unsere Festlegung a) davon weit entfernt; ein übriges soll c) tun:

Aufgabe:

Berechnen Sie das Risiko 1. Art für den Annahmebereich A = {1, 2, 3} bei unserer Nullhypothese.

Die Operationscharakteristik (abgekürzt: OC) ist für p ε [0; 1] definiert. Als gegeben werden der Stichprobenumfang n und der Annahmebereich vorausgesetzt. Die OC-Werte sind dann die bedingten Wahrscheinlichkeiten $P_p(A)$.

Berücksichtigt man die Nullhypothese, so gilt: Für die nicht mit der Nullhypothese verträglichen p-Werte ergibt der OC-Wert das Risiko 2. Art.

Dabei ist der Stichprobenumfang n gleich 5;
H_o lautet: p = 0,25

Lösung:

$$P_{p=0,25}(\overline{A}) = B(5; 0,25; 0) + B(5; 0,25; 4) + B(5; 0,25; 5)$$

$$= 0,23730 + 0,01465 + 0,00098 = 0,25293 \approx \underline{25\ \%}$$

Mit einer Wahrscheinlichkeit von 25 % würde also die Hypothese $H_o : p = 0,25$ verworfen, wenn sie wahr ist, mit anderen Worten:

Frau Sabrina könnte mit 25 % Wahrscheinlichkeit als Hellseherin gefeiert werden, auch wenn sie nur die ganz normal-sterbliche Trefferwahrscheinlichkeit 0,25 besitzt.

Bei unserem Vorgehen ist nicht nur das Risiko 1. Art ziemlich hoch. Denn schließlich bewirkt der weitgefaßte Annahmebereich A = {1, 2, 3} eine "breite" OC-Kurve, also ein hohes Risiko 2. Art:

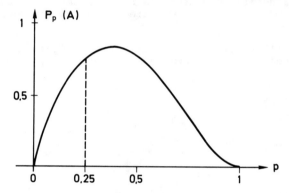

Wie grotesk die Situation ist, zeigt sich bei einem Vergleich des Risikos 2. Art für die Trefferwahrscheinlichkeit in den beiden Fällen
α) p = 0,3
β) p ≈ 0,25

Aufgabe:

Berechnen Sie $P_p(A)$ für die beiden Fälle α und β.

Zur Wiederholung veranschaulichen wir hier die Bedeutung des Risikos
1. Art für die Nullhypothese H_o: p = 0,25 durch Schraffieren am
Histogramm:

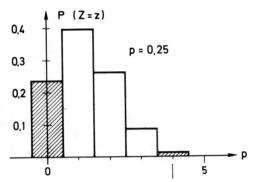

Dabei bedeutet beispielsweise dies:
$$B(5; 0,25; 4) = \binom{5}{4} \cdot 0,25^4 \cdot 0,75^1 = 0,01465 \approx 1,5 \text{ \%}$$

Das ist die Wahrscheinlichkeit des Ereignisses, daß Frau Sabrina im
Fall normal-sterblicher Veranlagung bei 5 Versuchen vier mal die
richtige Kartenfarbe nennt.

Wir wählen hier das Rundungszeichen $\approx$, weil auf Seite 180 auf das
Risiko 2. Art eingegangen werden soll, das ja nur für p $\neq$ 0,25
vorliegt.

180 Lösung:

α)

$$P_{p=0,3}(1 \leq z \leq 3) = \sum_{i=0}^{3} B(5; 0,3; i) - B(5; 0,3; 0) = 0,96922 - 0,16807 \approx \underline{80\ \%}$$

β)

$$P_{p\approx 0,25}(1 \leq z \leq 3) \approx P_{p=0,25}(1 \leq z \leq 3) = 1 - P_{p=0,25}(\overline{A}) = 1 - 0,25293 \approx \underline{75\ \%}$$

Das Risiko 2. Art ist demnach für p = 0,3 größer als für p ≈ 0,25. Das bedeutet nun: Falls Sabrina nur einigermaßen normale Fähigkeiten hat, wird sie mit 75 % Wahrscheinlichkeit nicht als Hellseherin eingestuft; sollte sie aber immerhin die (schwache) Begabung einer Trefferwahrscheinlichkeit von p = 0,3 besitzen, würde die H_o-Hypothese mit der größeren Wahrscheinlichkeit von 80 % angenommen, sie also mit höherer Wahrscheinlichkeit als normal-sterblich veranlagt eingestuft. Verrückt!

Die bedingte Wahrscheinlichkeit $P_{p\neq 0,25}(A)$ sollte eben nicht größer sein können als $P_{p=0,25}(A)$. Das bedeutet, daß die OC-Kurve ihr Maximum bei p = 0,25 haben sollte, also bei dem der Nullhypothese entsprechenden p-Wert.

Aufgabe:

Was folgt aus der im Fall Sabrina für gewisse p ≠ 0,25 vorliegenden Ungleichung $P_p(A) > P_{p=0,25}(A)$ für $P_p(\overline{A})$ und $P_{p=0,25}(\overline{A})$?

Hier finden Sie nochmals die OC-Kurve von Seite 178:

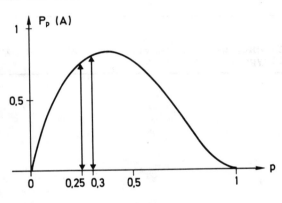

$P_{0,3}(A) > P_{0,25}(A)$

Lösung:

Wegen $P_p(A) = 1 - P_p(\overline{A})$ folgt für die betreffenden $p \neq 0,25$:

$$P_p(\overline{A}) < P_{0,25}(\overline{A})$$

Da $P_p(\overline{A})$ die Wahrscheinlichkeit dafür ist, daß bei vorliegender Trefferwahrscheinlichkeit p die Nullhypothese H_o abgelehnt wird, sagt die eben erhaltende Ungleichung aus:

Es gibt Werte für p, für die die Wahrscheinlichkeit der Ablehnung von H_o kleiner ist, wenn H_o falsch ist, als wenn H_o wahr ist.
Einen derartigen Test nennt man "verfälscht":

Definition:

Ein Test heißt **verfälscht**, wenn das Maximum der OC-Kurve nicht bei einem p-Wert der Nullhypothese auftritt.

$$P_p(A) > P_{0,25}(A) \Longleftrightarrow 1 - P_p(\bar{A}) > 1 - P_{0,25}(\bar{A}) \Longleftrightarrow -P_p(\bar{A}) > -P_{0,25}(\bar{A})$$

$$\Longleftrightarrow P_p(\bar{A}) < P_{0,25}(\bar{A})$$

Zur Veranschaulichung der am Fuß von Seite 182 stehenden Definition greifen wir noch einmal auf unseren Gartenfreund (vgl. Seite 80) zurück:
Angeberisch behauptet er, daß mehr als 70 % seiner Pflaumen über 30 g wiegen. Als Nullhypothese setzt er $H_0 : p \leq 0,7$, wobei p die Wahrscheinlichkeit dafür ist, daß eine einzelne seiner Pflaumen über 30 g wiegt.

Es ergibt sich ein verfälschter Test, wenn man als Stichprobenumfang 7 und als Annahmebereich A = {5,6} wählt:
Es ergibt sich dann beispielsweise:

$$P_{p=0,3}(A) = B(7; 0,3; 5) + B(7; 0,3; 6) = 0,02500 + 0,00357 \approx 0,03$$

und

$$P_{p=0,8}(A) = B(7; 0,8; 5) + B(7; 0,8; 6) = 0,27525 + 0,36700 \approx 0,64$$

Die Wahrscheinlichkeit der Annahme von H_0 ist (für p = 0,8) wesentlich größer, wenn H_0 nicht zutrifft, als wenn H_0 zutrifft.

Die OC-Kurve hat folgenden Verlauf:

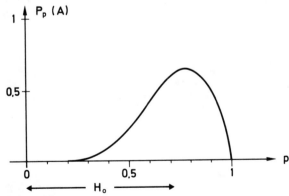

Das Maximum liegt bei rund 0,8 - also außerhalb des Bereichs der Nullhypothese.

184 Anhang: Abschlußaufgabe

Während der Erprobung des vorliegenden Lehrprogramms wurde von den Bearbeitern häufig gewünscht, zum Abschluß eine breitere Aufgabe zum Hypothesentesten angeboten zu bekommen, der die ausführliche Lösung zum nachherigen Vergleich folgt.
Sie finden in diesem Sinn anschließend eine Aufgabe, die während der Erprobungsphase des Programms als Schlußtest verwendet wurde. Die dabei zur Verfügung gestellte Arbeitszeit betrug 40 Minuten.

Für Sie gibt es nun, wenn Sie sich selbst testen wollen, zwei Möglichkeiten: Sie können die Gesamtaufgabe (von I.1 bis II) in einem Zug durcharbeiten oder der Reihe nach die einzelnen Teilaufgaben mit jeweils anschließendem Lösungsvergleich.
Sie finden die Gesamtaufgabe auf Seite 184/85 abgedruckt, auf den beiden folgenden Seiten dann die Lösung.

I.

Ein Kollegiat sollte im Rahmen seiner Facharbeit zum großen Abiturfest einen Spielautomaten konstruieren, der durchschnittlich in 25 % der Fälle zu einem Gewinn führt.

Liefert er seltener als bei jedem 5. Spiel einen Gewinn, wird er auf die Dauer nicht genug Zuspruch finden; liefert er häufiger als jedes dritte Mal einen Gewinn, ergäbe sich zu wenig Überschuß oder gar Verlust für die Festkasse.

Der Kollegiat stellt nun seinen Automaten vor und behauptet, er sei ihm gut gelungen. Zur Prüfung probiert der Kursleiter den Automaten 200 mal aus.

1. Wie muß die Entscheidungsregel im Fall der Nullhypothese
   H_o : p < 0,2 auf dem Signifikanzniveau 5 % lauten?

2. Wie würden bei gleichem Signifikanzniveau die Nullhypothese und
   die Entscheidungsregel lauten müssen, wenn der Kollegiat **lediglich**
   behauptet hätte, es würde höchstens jedes dritte Spiel zu einem
   Gewinn führen?

3. Berechnen Sie das Risiko für das Ereignis, daß der Kollegiat den
   Automaten mit Gewinnen in 30 % der Fälle konstruiert hat, der
   Kursleiter den Automaten 300 mal laufen läßt und ihn auf Grund
   folgender tatsächlich gewählten Entscheidungsregel als ungeeignet
   einstuft:
   z ε {0,1, ..., 70} ∪ {100, 101, ..., 300} ⟶ Automat ist ungeeignet.

II.

Skizzieren Sie den Verlauf der OC-Kurve für die zweiseitige Nullhypothese H_o: p ≦ 0,2 ∨ p ≧ 0,6 für eine Stichprobe vom Umfang der Größenordnung 100 unter der Annahme, daß der Annahmebereich sinnvoll gewählt wurde. (Es ist nur eine **Skizze** verlangt!)
Zeichnen Sie auch das maximale Risiko 1. Art ein.

Lösungen zur Abschlußaufgabe

I.1. $z \in \{0, \ldots, c\} \longmapsto H_o$ kann nicht abgelehnt werden.

$$P_{0,2}(Z > c) \leq 0,05$$

$$\sum_{i=c+1}^{200} B(200; 0,2; i) \leq 0,05 \Longleftrightarrow \sum_{i=0}^{c} B(200; 0,2; i) \geq 0,95$$

$$c_{min} = 49$$

$A = \{0, \ldots, 49\}$; $z \in A \longmapsto H_o$ kann nicht abgelehnt werden.

2. Beh.: $p \leq \frac{1}{3}$; $H_o : p > \frac{1}{3}$

$z \in \{c, \ldots, 200\} \longmapsto H_o$ kann nicht abgelehnt werden.

$$P_{\frac{1}{3}}(Z < c) \leq 0,05; \quad \sum_{i=0}^{c-1} (200; \frac{1}{3}; i) \leq 0,05$$

$$c_{max} - 1 = 55 \Longleftrightarrow c_{max} = 56$$

$A = \{56, \ldots, 200\}$; $z \in A \longmapsto H_o$ kann nicht abgelehnt werden.

$p = 0{,}3$; $n = 300$; $P_{0,3}(Z \leq 70 \vee Z \geq 100) =$

$= P_{0,3}(Z \leq 70) + P_{0,3}(Z \geq 100) = \sum_{i=0}^{70} B(300; 0{,}3; i) + \sum_{i=100}^{300} B(300; 0{,}3; i)$

$\mu = 300 \cdot 0{,}3 = 90$; $\sigma = \sqrt{90 \cdot 0{,}7} = \sqrt{63} \approx 7{,}94$

$P_{0,3}(Z \leq 70 \vee Z \geq 100) \approx \Phi\left(\dfrac{70{,}5 - 90}{7{,}94}\right) + \left[1 - \Phi\left(\dfrac{99{,}5 - 90}{7{,}94}\right)\right] =$

$= \Phi(-2{,}46) + [1 - \Phi(1{,}20)] = 0{,}00695 + 0{,}11507 = 0{,}12202 \approx \underline{12\ \%}$

II.

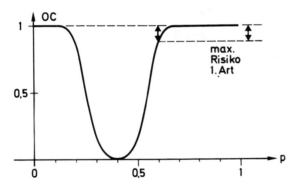

Da Sie ja nur eine "Skizze" anlegen sollten, dürfen Sie das maximale Risiko 1. Art auch bei $p = 0{,}2$ eingezeichnet haben.

Sachregister

Ablehnungsbereich	38
Alternativtest	26, 36
Annahmebereich	38
Bayes	20, 23
bedingte Wahrscheinlichkeit	17
einfache Hypothese	58
einseitiger Test	98
Entscheidungsregel	30
Fehler 1. bzw. 2. Art	42
Hypothese	26
Irrtumswahrscheinlichkeit	98, 106
kritische Region	149
Nullhypothese	43
OC	116
Operationscharakteristik	114, 116
Risiko 1. bzw. 2. Art	44, 45
Sicherheitswahrscheinlichkeit	99, 106, 107
Signifikanzniveau	98, 106
Signifikanztest	64, 123
Verfälschung eines Tests	182
Vorzeichentest	168*, 172*
Wahrscheinlichkeitsverteilung	3
Zeichentest	168*, 172*
Zufallsgröße	3
zusammengesetzte Hypothese	58
zweiseitiger Test	99,

Wichtige Zusammenfassungen finden Sie auf folgenden Seiten:

41 - 76 - 81 - 96 - 142 - 172*